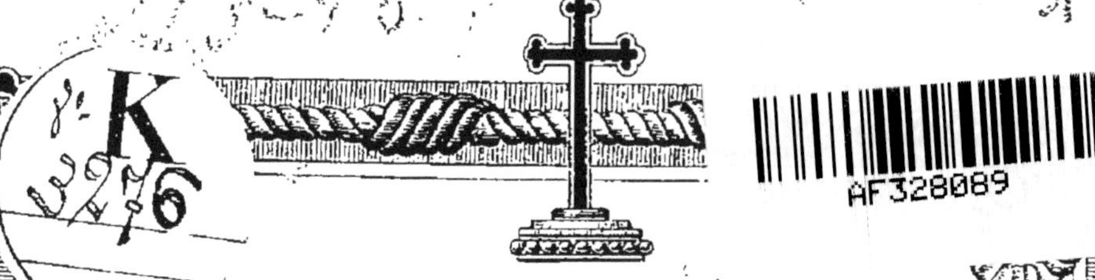

VIE

DE LA BIENHEUREUSE

MARIE - MADELEINE MARTINENGO

DE BARCO

Abbesse des Religieuses Capucines de Brescia

PAR

Le R. P. ANGÉLIQUE DE MONTPELLIER

DES FF. MINEURS CAPUCINS

CLERMONT-FERRAND

IMPRIMERIE TYPO-LITHOGRAPHIQUE MALLEVAL

3, Place de la Treille, 3

1901

VIE DE LA BIENHEUREUSE
MARIE-MADELEINE MARTINENGO DE BARCO

VIE

DE LA BIENHEUREUSE

MARIE-MADELEINE MARTINENGO

DE BARCO

Abbesse des Religieuses Capucines de Brescia

PAR

Le R. P. ANGÉLIQUE DE MONTPELLIER

DES FF. MINEURS CAPUCINS

CLERMONT-FERRAND

IMPRIMERIE TYPO-LITHOGRAPHIQUE MALLEVAL

3, Place de la Treille, 3

1901

PERMIS D'IMPRIMER

J. LUZUY, *vic. gén.*

Clermont-Ferrand, le 17 novembre 1900.

APPROBATION DU T. R. P. PROVINCIAL

Nihil obstat.

F. ALPHONSUS DE MOLANO,

Min. prov. Lugd.

APPROBATIONS DES EXAMINATEURS

J'AI lu et examiné attentivement la vie de la Bienheureuse Marie-Madeleine Martinengo, sans y rencontrer rien qui ne soit conforme aux enseignements de la Sainte Eglise. Cette vie quoique en abrégé — puisqu'il s'agit d'une brochure de propagande — sera lue, je crois, avec un grand intérêt. Le style est clair, saisissant, rapide. Les péripéties de la vocation de la Bienheureuse, les héroïsmes de sa pénitence brochant sur une existence de pureté constante et d'amour généreux, sont bien de nature à attacher les âmes pieuses. Quant à la vie intérieure de l'héroïne, si elle ne se montre point dans son complet développement, elle est suffisamment accusée pour qu'on voie clairement la source des belles et grandes vertus qui remplissent une carrière si sainte.

F. SYLVESTRE,

o. m. c.

Clermont-Ferrand en la fête des saintes reliques conservées dans les églises de l'Ordre, 4 novembre 1900.

AVANT-PROPOS

A U *milieu des temps troublés que traverse la Sainte Église, dans les multiples angoisses qui tourmentent son cœur de Mère, en face des persécutions qui sévissent contre ses institutions les plus chères, Jésus-Christ prend soin de la consoler en faisant s'épanouir à ses yeux ravis, de nouvelles et plus odoriférantes fleurs de saints. C'est la preuve que si l'enfer s'agite la puissance de Dieu veille toujours.*

Loué soit-il à jamais! Plus les hommes s'acharnent à ravager son champ mystique, plus la rosée de sa grâce, la chaleur de son amour, l'action de sa main, le font tressaillir de fécondité.

Depuis vingt ans, l'armée hurlante des ouvriers d'iniquité sape à coups de hache les grands arbres qui l'ombragent de leur ramure et le réjouissent de leurs fruits. Avec quelle

rage ils s'excitent à l'infernale besogne !...
Ah! les beaux chants de triomphe que pré-
parent leurs virtuoses pour le jour où les
grands arbres abattus et coupés en morceaux,
comme ils disent, serviront au feu de joie qu'ils
doivent allumer en l'honneur de la liberté
victorieuse des ordres religieux... ces vieilles
institutions tardigrades...

Et plus que jamais — O ironie divine ! —
depuis vingt ans les grands arbres ont déployé leurs belles branches toutes vertes. Leur
ombrage est devenu plus épais. La Sainte
Eglise a trouvé leurs fruits plus abondants et
plus savoureux.

Depuis vingt ans, en effet, et dans toutes ces
institutions religieuses si violemment persé-
cutées, que de héros Dieu n'a-t-il pas marqués
au front du signe des élus! Martyrs empour-
prés de sang, confesseurs intrépides et héroïques, Vierges au sceptre de lis, combien qui
ont reçu à leur main les palmes éternelles, et
sur leur tête la couronne des saints? Ils sont
nombreux.

Sans rien dire des autres rameaux de
l'Ordre Séraphique, si féconds eux aussi en
fruits de sainteté, dans notre branche Capucine, Laurent de Brindes, Félix de Nicosie,

Diego de Cadix, tout récemment *Marie-Madeleine Martinengo* ont participé aux honneurs du triomphe. C'est l'allégresse de l'Eglise et la compensation des meurtrissures que son âme reçoit.

C'est notre gloire, notre joie, notre consolation la meilleure. N'est-ce pas l'indice que nous pouvons espérer?

Que les ouvriers d'iniquité redoublent d'activité et d'efforts. Qu'ils portent au tronc des grands arbres des coups plus vigoureux et plus destructeurs. S'ils peuvent atteindre l'écorce, ils n'empêcheront pas la sève divine de monter dans les branches et de les faire se surcharger de fruits.

Le siècle qui se meurt a vu souffler bien des tempêtes. Il a vu surgir, un peu partout au sein des peuples, des hommes qui ont essayé de la hache pour dévaster le jardin du Christ. Il emportera dans sa tombe et leurs œuvres et leur nom déshonoré. Seul le souvenir de leurs tentatives échouées vivra. Il vivra pour l'instruction des persécuteurs de demain qui reprendront leur travail de ruine. Il vivra pour réconforter les cœurs chrétiens et nourrir leur espoir.

A l'aurore du vingtième siècle il est bon

d'envisager l'avenir avec confiance, si sombres que soient les couleurs sous lesquelles il se présente.

Ne désespérons pas de la Sainte Eglise de Dieu. Elle est immortelle.

Ne désespérons pas des ordres religieux qui forment sa plus belle parure et son plus riche diadème, Dieu ne les lui ôtera pas.

En dépit des ouvriers d'iniquité il les rendra plus prospères, et toujours plus féconds.

Daigne la Bienheureuse Marie-Madeleine Martinengo bénir le siècle qui va s'ouvrir et obtenir par ses intercessions qu'il s'écoule dans la Paix ! Qu'elle bénisse et exalte le grand Pontife qui l'a glorifiée.

Qu'elle bénisse sa famille religieuse, dont un de ses membres, à juste droit, se glorifie de remonter jusqu'à elle par les liens du sang [1].

Et puisse-t-elle inspirer à quelques âmes d'élite le courage de marcher sur ses traces ou du moins, enhardir par l'exemple de ses immolations les pusillanimités chrétiennes du grand nombre.

J'ai écrit ce travail destiné à la faire con- naître, aimer, invoquer, d'après son autobio-

---

[1] Le T. R. P. Moyse d'Orléans, Procureur général des Missions de l'Ordre des Frères Mineurs Capucins.

graphie, et d'après les actes du procès de sa béatification. Je ne les ai pas eus en main, mais je les ai trouvés parfaitement résumés dans le précieux ouvrage du R. P. Ludovic de Livourne, ouvrage paru à Rome, en cette année 1900.

Que la Bienheureuse Marie-Madeleine bénisse ces pages et tous ceux qui les liront.

F. ANGÉLIQUE de Montpellier,

o. m. c.

Clermont-Ferrand. En la fête des saintes reliques conservées dans les églises de l'Ordre. 4 Novembre 1900.

PROTESTATION

Pleinement soumis aux prescriptions d'Urbain VIII touchant les causes des saints, je déclare que, dans cette Vie de la Bienheureuse Marie-Madeleine Martinengo de Barco, pour les qualificatifs de saint et de miraculeux, je n'entends nullement préjuger les décisions infaillibles de notre Mère la Sainte Église.

VIE DE LA BIENHEUREUSE
Marie - Madeleine Martinengo

CHAPITRE PREMIER

L'Enfant prédestinée

LA Bienheureuse dont nous entreprenons d'écrire la vie naquit à Brescia, antique cité Lombarde, d'une des plus riches et des plus nobles familles d'Italie. Par son père le Comte François Léopardo de Barco, et par sa mère Marguerite Secchi d'Aragona, issus tous les deux d'ancêtres collatéraux à la famille de saint Louis de Gonzague, le sang le plus illustre et le plus pur coulait dans ses veines.

Cinq mois après l'avoir mise au monde, la Comtesse mourut des suites de ses couches, la laissant dans un tel état de faiblesse et de langueur que, malgré les soins les plus assidus les médecins désespérèrent longtemps de la sauver.

Dieu veillait sur l'enfant prédestinée. Peu à peu les fraiches roses de la santé s'épanouirent sur son visage, et l'heureux Comte put enfin la conduire aux fonts baptismaux. Elle avait cinq ans.

Toute la noblesse de Brescia était là conviée par Léopardo qui avait voulu donner à la cérémonie, en raison des circonstances spéciales dans lesquelles elle devait s'accomplir, un éclat sans rival. Alors — elle l'avoua plus tard — Marguerite [1] commit son premier péché. Eblouie par le faste déployé en son honneur autant que par les joyeux transports d'une foule enthousiaste, elle ne put se défendre d'un mouvement de vanité et céda à l'orgueil. Ce fut une faute. Elle la pleura amèrement toute sa vie.

Au sortir du baptême Léopardo confia son éducation aux religieuses Ursulines fondées à Brescia même par sainte Angèle Mérici. La supérieure de ce monastère, sœur Isabelle

---

[1] C'est le nom que Léopardo voulut lui donner en souvenir de sa vertueuse épouse.

Marazzi la prit en grande affection, et par une direction aussi sage qu'éclairée, exerça sur elle et sur son avenir religieux une influence considérable.

D'ailleurs ses précoces dispositions à la piété, ses qualités d'esprit et de cœur exceptionnelles, lui méritaient cette vigilance plus affectueuse et plus active de la part de la vénérable supérieure.

Esprit ouvert, vif, pénétrant, merveilleusement doué au point de vue intellectuel, ses progrès dans les sciences étaient rapides; moins cependant que ses joyeuses et alertes démarches dans les sentiers de la vertu. Sans attrait pour les jeux de son âge, elle s'adonnait à la prière avec une sorte de passion enfantine qui ne manquait pas de charmes. Sa modestie était admirable; son maintien toujours recueilli, sa charité exemplaire. Qu'elle aimait ardemment les pauvres! Voyait elle en leur personne l'image de Jésus-Christ, et dans leurs haillons le symbole des livrées de la sainte pauvreté qu'elle devait revêtir plus tard? Peut être. Toujours est-il que le spectacle de leur indigence remuait jusqu'à fond sa jeune âme naturellement bonne et compatissante.

Ils venaient nombreux demander l'aumône au château de Barco. Marguerite appelait elle-même le Comte son père et le suppliait avec force de se montrer généreux. Si les largesses faites ne répondaient pas à ses désirs, la charitable enfant donnait ses robes, ses bijoux, tout ce dont elle avait l'usage. Pour couper court à ses libéralités excessives il fallut mettre son garde-robe sous clé.

Dieu la récompensa en lui sauvant la vie par un miracle.

Le Comte allait à son château de Barco, ce qu'il faisait fréquemment, emmenant avec lui sa fille tant aimée, lorsque les six chevaux qui conduisaient le carrosse s'emballèrent. Soudain, et par suite d'un cahot plus violent, Marguerite disparut dans le nuage de poussière soulevée par la vive allure de cette course folle. Le Comte poussa un cri d'angoisse. Le cocher ne put maîtriser que plus loin et qu'à grand peine les chevaux emballés. Ensemble, avec des flots de larmes dans les yeux, persuadés que l'enfant avait été écrasée sous les roues, le Comte et le cocher revinrent en courant, à l'endroit où l'accident s'était produit. O bonheur! Ils la virent venir à eux, le visage gai et souriant : elle n'avait pas même une égratignure. « Je sentis une main invisible, écrivit plus tard la Bienheureuse [1], qui m'enleva et me sauva de ce grand péril. J'attribuai cette grâce à l'assistance fidèle de mon ange gardien. »

A partir de ce jour, quoique bien jeune encore Marguerite résolut de se consacrer à Dieu, en reconnaissance du miracle qui l'avait sauvée.

Comme le divin enfant de Nazareth elle croissait en sagesse et en âge devant Dieu et devant les hommes. Quand elle eut atteint sa dixième année pour répondre à ses pieux désirs et pour lui procurer une instruction plus complète, surtout afin de préserver son âme si candide des vents pestilentiels qui soufflent sur le monde, Léopardo la plaça au monastère de Sainte Marie des Anges, où deux de ses tantes étaient religieuses.

C'est là que ses progrès en vertu furent plus rapides et plus sensibles. Un fait sans importance en lui-même en témoigne. Aux jours de grande fête, les élèves alors comme aujourd'hui, se récréaient en de petites soirées

---

[1] Dans son autobiographie, qu'elle écrivit par obéissance.

fort innocentes, on le devine. Or, devant représenter « la vertu fiancée au mérite, » d'un commun accord, elles choisirent Marguerite pour jouer le rôle de la vertu. Sa piété rare justifiait ce choix. C'était pour son avenir un symbole.

Ce qu'étaient alors ses sentiments de piété tendre et vive, la Bienheureuse l'a raconté dans son autobiographie. « Je m'agenouillais devant la Majesté divine, et prenant en main mon crucifix je le baisais avec tendresse, je le serrais contre ma poitrine et je lui parlais. Tantôt je lui demandais pardon de mes pêchés et tantôt je lui demandais son saint Amour. Tantôt je lui promettais une fidélité inviolable et le suppliais de me crucifier avec lui : tantôt je m'offrais à lui en perpétuel holocauste renonçant à toutes les créatures du monde, pour remplir mon cœur de l'amour de mon Créateur. »

Dans l'âme des saints, les élans embrasés de l'amour provoquent et allument irrésistiblement, les ardeurs du zèle pour la pénitence. Aimer et souffrir ! N'est-ce point leur devise, et en définitive, toute l'histoire de leur vie !

Ayant lu la vie des Saints, Marguerite qui voulait aimer comme ils avaient aimé voulut expier comme ils avaient expié. Elle se fabriqua donc une petite croix hérissée de pointes et l'appliqua sur sa poitrine. Plus que cela : elle se flagella jusqu'au sang et porta autour des reins une ceinture de fer. Bien mieux, chose qui révèle le haut degré de vertu où elle était montée déjà, pour déguiser aux yeux de ses maîtresses et de ses compagnes le véritable motif de ses austérités, elle leur donna l'allure d'innocents enfantillages bien pardonnables ; partant qu'on ne pouvait lui interdire.

Un soir, elle avait mis des pierres dans son lit. « Pourquoi cela ? » lui demanda-t-on.

« Oh ! dit-elle avec un sourire, ce sont mes caprices ! »

En récréation, elle se déchaussait et courait dans les ronces et les épines jusqu'à ce que le sang coulât de ses pieds meurtris. Puis elle allait s'asseoir sur le rebord d'un bassin, et, balançant joyeusement ses jambes dans l'eau fraîche, elle disait à ses compagnes : « C'est ainsi qu'on doit faire pour l'amour de Dieu ! » Ses compagnes en étaient dans la stupéfaction.

Elle allait fréquemment dans une chapelle dont les murs étaient couverts de peintures

représentant diverses scènes de la Passion
de Notre-Seigneur. Chaque fois, la vue de
ces peintures l'émotionnait si fort, que prise
soudain par le désir de faire pénitence, elle
saisissait un bâton, une pierre, n'importe
quoi, ce qui lui tombait sous la main, et se
frappait avec une sainte colère, ne regardant
même pas où tombaient les coups. Surprises,
ahuries de la voir se maltraiter ainsi, ses
compagnes voulaient l'en empêcher. Au lieu
de céder : « Faites donc comme moi ! » leur
disait-elle. Et voyant qu'elles manquaient de
courage, peut-être n'ayant plus elle-même
assez de forces pour continuer sa mortification, elle leur tendait le bâton ou la pierre
dont elle se meurtrissait et leur disait avec
force : « Tenez, frappez-moi !... je le mérite ! »

Saintes rigueurs de cette âme privilégiée !
Jésus-Christ l'attirait par des voies épineuses ;
et les joies qu'il lui faisait goûter n'étaient
que le prélude des torrents d'allégresse sur-
naturelle qu'il versa plus tard en son cœur,
lorsque, épouse crucifiée, elle marcha d'un
pas si alerte dans le chemin plus sanglant
du Calvaire.

L'amour divin inspire le zèle de la pénitence. Le zèle de la pénitence alimente les

flammes de l'amour. Marguerite qui n'avait pas fait encore sa première communion, mourait du désir de recevoir le Dieu-Hostie. Elle voyait communier souvent les religieuses du monastère. Chaque fois le feu de ses désirs croissait d'intensité. C'était un martyre d'amour. Elle n'osait le révéler, ni à ses maîtresses, ni à son confesseur, à cause de ses péchés, disait-elle. Ce n'était tout au plus que de légères imperfections ; mais elle était si pure, que le souvenir de ces misères la faisait trembler quand elle entrait dans l'église. Enfin n'y tenant plus, elle manifesta la faim céleste qui dévorait son âme.

Un accident regrettable vint troubler son cœur et assombrir sa joie. Est-ce inadvertence de la part du prêtre, est-ce émotion trop vive de sa part au moment d'accomplir un acte si solennel, ou simplement l'effet du tremblement habituel qui l'envahissait quand elle approchait de l'église ? on ne sait. Le fait est que la sainte hostie tomba dans l'intérieur du chœur des religieuses. Epouvantée, les yeux en larmes, pour la première fois qu'elle communiait Marguerite dût prendre le pain eucharistique à terre, avec l'extrémité de sa langue.

Longtemps elle en fut inconsolable. « C'est Jésus-Christ qui voulait fuir mon âme » disait-elle en sanglotant. « Mon âme répugnait si fort à sa divine pureté !... »

Naïve et candide et angélique enfant ! Elle ne pensait pas que Jésus venait reposer avec délices dans son cœur parfumé de l'arome des lis. S'il avait permis cet accident, c'était pour avertir sa future épouse que les roses dont il la couronnerait ne seraient point sans épines, et que même dans les plus exquises consolations dont il l'inonderait il lui ferait toujours sentir les sanglantes aspérités de sa croix.

Afin d'expier ce qu'elle considérait comme un crime, Marguerite se levait au milieu de la nuit et passait de longs moments en prière. De ce fâcheux accident il lui resta un tremblement nerveux, insurmontable, toutes les fois que dans la suite elle approcha de l'autel.

Elle croissait toujours, ravissant avec l'amour de son Dieu, l'admiration de ses compagnes, l'estime de ses maîtresses, l'affection sincère et vive de toutes les pieuses âmes du monastère de Sainte-Marie-des-Anges. Une mesquine question de rivalité entre ses deux tantes, jalouses l'une et l'autre d'accaparer son affection, la força d'en sortir. Celles-ci, désolées, eurent beau insister pour qu'elle restât, Marguerite qui ne voulait être pour personne un sujet de discorde demeura inflexible. Elle demanda à son père de la retirer, ce que le Comte Leopardo s'empressa de faire.

Elle avait alors douze ans, et déjà elle se sentait des attraits merveilleux pour la méditation des choses célestes. En vue de sa santé plutôt chétive, le Comte l'avait menée dans une grande et magnifique propriété qu'il possédait aux environs de Bergamo. Les grands arbres, les vertes prairies, les collines solitaires enthousiasmèrent Marguerite qui, désireuse de mener la vie contemplative des Pères du désert, dit et redit à satiété « qu'elle s'en irait dans les montagnes pour se livrer à la contemplation. » Il faut croire qu'elle était bien résolue à donner suite à ses projets, car pour la dissuader, le Comte recourut à un stratagème qui impressionna fortement l'imagination de l'enfant. « Ne va pas dans les montagnes!... il y a des loups qui te dévoreraient!... »

La peur des loups la retint, et Marguerite

se contenta de méditer au foyer, en attendant que son père la plaçât au monastère du Saint-Esprit.

Là, son confesseur qui voulait satisfaire ses désirs de vie parfaite, lui enseigna une méthode d'oraison trop compliquée peut-être. Quand elle voulut s'y conformer ce fut impossible. Dieu la ravissait dans une intime union d'esprit et de cœur et la faisait marcher par des chemins où ne peuvent conduire les méthodes, même les plus savantes et les plus mystiques. Grande fut l'anxiété de Marguerite qui se croyait coupable de désobéissance. Après de longues hésitations, non sans avoir fait appel à toute son énergie, elle en parla timidement au confesseur. Celui-ci comprit que l'enfant prédestinée suivait des sentiers à part, sous la direction même du divin Maître, et, en homme judicieux, l'encouragea à méditer comme elle avait coutume de faire.

Au feu de la méditation la piété de Marguerite devenait plus ardente. A la lumière qui irradiait son esprit sur le grand mystère de nos autels, comprenant mieux la charité immense du Dieu-Hostie, son amour s'embrasait davantage. Elle communiait souvent,

et passait de longues heures du jour et de la
nuit, agenouillée face au Tabernacle, abîmée
dans une méditation qui tenait de l'extase.
Mais, on s'en doute bien, sa soif de mortification était aussi ardente que sa faim eucharistique.

Hélas ! ses forces physiques n'étaient pas
très prospères. « Ma santé faible ne me per-
mettait que de prendre quelques disciplines »
disait-elle en soupirant : et elle aurait tant
voulu macérer sa chair ! C'était une grande
peine.

La même raison fit qu'on lui interdit de
méditer et de communier en dehors du di-
manche. Elle en fut désolée. Comment supporter une si rude épreuve ? Elle n'en eut pas
le courage. Autorisée par son confesseur auprès duquel elle avait insisté avec force, elle
continua de méditer et de communier, mais
en cachette : ce qui ne laissa pas de lui être
très pénible.

C'est alors, et avec le mérite de l'obéissance qu'elle sollicitait toujours du directeur
de son âme, qu'afin de répondre aux prédi-
lections de son Dieu par un retour de générosité bien marqué, sans doute aussi, afin de
poser le premier anneau de la chaîne d'amour

qui devait la river inébranlablement à son
service ; c'est alors, qu'inspirée d'En-Haut,
Marguerite fit le vœu de virginité, renouve-
lable toutefois d'année en année.

Chose étonnante, cet acte généreux qui
devait, semble-t-il, ouvrir sur elle les réser-
voirs des consolations célestes, déchaîna sur
son esprit, sur son cœur, sur son être tout
entier, la plus horrible des tempêtes. C'était
la revanche du démon. Irrité de ses progrès,
il mit en œuvre tous les ressorts de son génie
infernal pour la faire pâtir. Longtemps après
elle n'en parlait qu'avec effroi. « Hélas ! la
nacelle de mon âme qui marchait rapidement
vers Dieu sur la mer de ses délices, entra
dans la mer houleuse des tentations. »

Son imagination fut assaillie d'impurs fan-
tômes qui la faisaient tressaillir d'horreur et
la bouleversaient de fond en comble. Puis ce
furent des pensées de sombre découragement.
La vertu lui paraissait une odieuse vanité, et
la pénitence une grossière supercherie. Un
mortel dégoût envahit son cœur, jadis si con-
fiant, si hardi dans ses ascensions vers Dieu.
Son esprit voilé d'épaisses ténèbres, fut tourmenté par les doutes les plus affreux. Il n'y a
pas de Dieu ! lui criait sans relâche la voix

du tentateur. Plus d'espérance, tu seras infailliblement damnée...

Lorsqu'elle voulait répondre à cette voix
de mensonge par une confession franche de
sa foi, hélas ! elle ne trouvait dans son cœur
que des sentiments de désespoir, et c'étaient
d'infâmes imprécations, d'abominables blasphèmes qui, malgré elle, effleuraient ses lèvres.

Plus tard, le souvenir de cette grande
lutte l'épouvantait encore ! « J'en étais
venue à désirer de me tuer afin d'être plus
tôt en enfer !... O mon Dieu ! à quel misérable état vous aviez réduit mon âme ! Rien
n'arrivait sans votre permission. C'était afin
qu'en souffrant et en combattant avec générosité je devinsse toujours plus digne de vos
divines opérations. »

Il y a plus. Les hommes s'en mêlèrent. La
tempête ne souffla qu'avec plus de violence.

Les divers confesseurs auprès desquels
Marguerite chercha lumière, consolation, réconfort, ne comprenant rien à son étrange
état d'âme, dirent qu'elle était devenue folle
si non possédée.

Qui plus est, à l'instigation de ses deux
tantes religieuses qui ne lui avaient pardonné

qu'à demi de les avoir quittées, ses frères vinrent au monastère du Saint-Esprit et lui déclarèrent qu'il fallait rentrer dans le monde, qu'on lui avait trouvé un fiancé, que telle était la décision unanime de la famille, et enfin qu'elle n'avait plus qu'à s'y conformer à bref délai.

En partant ils lui laissèrent des vêtements somptueux, et quelques romans.

La tempête qui sévissait depuis trois longues années avait déchaîné sa dernière et plus dangereuse rafale. Elle faillit entraîner Marguerite à l'abîme.

Parée des riches habits que ses frères lui avaient laissés, le cœur imbu des lectures qu'imprudemment elle venait de faire, elle laissa un moment la nature triompher de la grâce, et l'esprit du monde l'emporter sur l'esprit de Jésus-Christ.

Court sommeil hanté de rêves !... Rien ne survécut des séduisantes fantasmagories qui l'avaient agité.

Jésus-Christ eut pitié de sa future épouse et en un jet de lumière divine lui désilla les yeux. Pauvre Marguerite ! Sa douleur fut immense. Elle courut aux pieds du tabernacle et pleura. Quand elle se releva sa résolution d'être à

Dieu était prise. Mais ses larmes et son repentir n'adoucirent qu'à demi le cuisant souvenir de cette défaillance !... « Oh ! écrivit-elle, scélérate que je fus d'avoir osé offenser une bonté si divine en elle-même, et qui tant de fois vint à moi en de si aimables manifestations !... Non ! mille enfers ne suffiraient pas à me punir d'une telle énormité ! »

Le Dieu qui l'avait sauvée venait de faire entendre à ses oreilles la touchante voix de son appel.

CHAPITRE II

L'Appel de Dieu

MARGUERITE de Barco avait fixé son choix sur les vierges du Carmel dont l'austérité de vie et la douce solitude l'attiraient. Pourtant, ce n'est pas le Carmel qui devait lui donner asile. Un évènement extraordinaire qui suivit de près la lutte que nous venons de raconter, vint changer ses aspirations et la mettre sur sa véritable voie.

Une de ses compagnes, aspirante à la vie religieuse elle aussi, lui avait parlé des Capucines qui avaient à Brescia un de leurs monastères, étroitement pauvre mais d'une régularité exemplaire et d'une ferveur toute séraphique. Ce fut une révélation.

Pendant son oraison Marguerite fut ravie dans une sorte d'extase. Marie lui apparut accompagnée de sainte Thérèse et de sainte Claire. Tandis que celle-là lui offrait l'habit du Carmel, celle-ci, hâtant le pas, la revêtit de l'habit de son Ordre en lui disant : « Vous serez ma fille. Vous deviendrez Capucine et vous observerez parfaitement la règle. » Aussitôt les deux saintes l'embrassèrent avec tendresse, et la vision s'évanouit.

Eclairée de façon si précise Marguerite comprit la volonté de Dieu et résolut de l'exécuter à bref délai. Le comte Léopardo était alors absent de Brescia. Elle lui écrivit de revenir en toute hâte, ayant à lui faire une communication de la plus haute importance.

Ce fut une scène émouvante entre le père et la pieuse enfant. Leurs cœurs également sensibles et tendres allaient cruellement souffrir d'une entrevue, à laquelle Marguerite s'était préparée par de ferventes prières sans doute, mais qui ne laissait pas d'angoisser son âme en songeant aux meurtrissures que sa résolution allait causer dans celle du Comte.

Soutenue par la grâce, l'extérieur humble, le visage plutôt triste, sans préambule et d'une voix où passait toute l'émotion de son cœur, elle déclara qu'elle n'était point faite pour vivre dans le monde et qu'elle serait plus heu-

reuse dans la voie que Dieu lui avait fait connaître. « Soyez heureux, mon père, dit-elle,
soyez heureux vous aussi ! Car je suis persuadée que je vous serai d'une plus grande consolation qu'en restant dans le siècle. En me
donnant à Dieu « vous donnerez une sainte à
notre famille !... » Elle ajouta que pour ne pas
s'éloigner de lui, elle n'entrerait pas au monastère des Capucines de Piacenza, comme
elle y avait pensé d'abord, mais à celui de
Brescia. Elle termina en faisant un appel aussi
respectueux qu'énergique à son esprit chrétien et à son cœur de père...

Le Comte l'écouta froidement en apparence,
admira son héroïsme, et, sans rien dire se retira avec des flots de larmes dans les yeux.
Ce fut toute sa réponse.

Marguerite remercia le Seigneur de ce
premier succès, et demanda à la prière les
forces nécessaires pour triompher des obsta-
cles et des épreuves qui devaient entraver sa
détermination.

En apprenant qu'elle voulait entrer chez
les Capucines, les religieuses du monastère du
Saint-Esprit l'appelèrent « ingrate et cruelle.»
Ses tantes, plus colères que jamais de se voir
délaissées l'accablèrent de reproches. Pour

consoler leur affection exagérée, et afin d'épargner au Comte Léonardo un sacrifice trop douloureux, son confesseur au lieu d'étudier et de favoriser sa vocation lui dit carrément que c'était une suggestion diabolique et qu'elle était en péril d'éternelle damnation. De savants théologiens discutèrent longtemps et conclurent, comme le confesseur, que cette vocation ne venait pas de Dieu.

De nombreux seigneurs briguèrent sa main et lui offrirent tout ce que la vie du monde a de plus noble et de plus séduisant. Sa famille la tourmenta par d'incessants assauts livrés à son cœur et à son amour filial.

Marguerite ne se laissa ni intimider ni vaincre. Sa vocation sortit plus forte de la tempête. Elle était loin encore du triomphe final.

Pour l'éprouver, le Comte lui fit entreprendre un long voyage et parcourir les principales villes d'Italie. Il était persuadé que les distractions et les plaisirs mondains éloigneraient de l'esprit de sa fille, peut-être qu'ils étoufferaient à jamais ses projets de vie religieuse.

À Venise, une entrevue habilement ménagée avec un jeune et riche seigneur faillit tout compromettre. Triste, découragée, lasse de résistance, plutôt pour être agréable à sa famille elle se surprit la plume à la main écrivant une lettre, aveu implicite qu'enfin sa vocation avait sombré.

Mais la grâce fut plus forte que la nature. Marguerite désemparée un moment par tant de vagues courroucées se ressaisit avec courage et vit enfin « la nacelle de son âme » toucher au port tranquille et sûr de la vie religieuse.

Le moment des adieux fut particulièrement touchant. La veille de son entrée au monastère, sur le soir, après avoir embrassé le Comte et imploré son pardon, elle se retira dans sa chambre suffoquée par les sanglots, la poitrine gonflée par la douleur de son cœur déchiré. Tombée à genoux aux pieds du crucifix, elle pria et pleura cherchant dans la méditation de Jésus crucifié force pour sa volonté combattue, consolation pour son âme en agonie. La force vint. Hélas ! la douleur redoubla d'acuité. Elle s'évanouit ! Émotionnant spectacle qui n'eut pour témoins que les anges du ciel et qu'elle raconta plus tard dans son autobiographie. Ah! certes, la grâce ne tue pas la nature et pour dire adieu à ceux qu'elle aime afin de suivre l'appel d'en haut, l'âme religieuse n'abdique point les sentiments de la tendresse filiale.

Où sont les corrompus et les charnels? ceux qui disent que, pour renoncer à sa famille il faut être sans cœur! — Qu'ils viennent, et qu'ils regardent!... Marguerite de Barco est là, inerte, étendue aux pieds du Crucifix, sous le poids immense de sa douleur!...

O ignominie de ces êtres inintelligents et dégradés!...

Mais, ô splendeur du sacrifice! ô magnanime intrépidité des serviteurs du Christ!...

L'amour du sang avait terrassé Marguerite; l'amour de Dieu la releva.

Vers l'aurore, quand elle eut reprit l'usage de ses sens elle fit ses derniers préparatifs, et se mit en marche escortée de tous les siens. La chapelle des Capucines brillamment illuminée était encombrée d'une foule avide de contempler une dernière fois les traits de l'héroïque Vierge de Brescia.

Au moment où elle allait pénétrer dans le monastère, une dame de la plus haute noblesse l'enlaça de ses deux bras comme pour la retenir. C'était le dernier assaut que lui livrait le monde. Marguerite se dégagea vivement de cette étreinte suprême, et, les lèvres souriantes, d'un pas ferme, franchit le seuil du cloître.

Les portes se refermèrent et la foule religieusement émue se dispersa. Morte au monde Marguerite commençait de vivre à Jésus-Christ. C'était le 8 Septembre 1705. Elle avait dix-huit ans.

CHAPITRE III

Noviciat et Profession

Au jour de la vêture, en échangeant ses vêtements d'or et de soie pour la robe de bure et les saintes livrées de la pauvreté Séraphique, Marguerite Martinengo de Barco avait quitté son nom seigneurial pour prendre celui de Sœur Marie-Madeleine, par lequel nous la désignerons désormais.

Le noviciat commencé avec transport et allégresse fut dur à l'excès. A vingt ans de distance la Bienheureuse disait : « rien que d'y penser, j'en suis épouvantée encore. »

La Maîtresse des Novices douée d'un jugement relatif, la malmena fort. A coup sûr, ses bonnes intentions sont hors de conteste. Mais, les humiliations, les pénitences, les reproches sévères pleuvaient. Elle partait d'un principe pour le moins douteux. « Si vraiment

Sœur Marie-Madeleine avait eu la vocation religieuse, elle serait entrée ou chez les Ursulines ou au Saint Esprit ou au monastère de Sainte Marie des Anges !... »

Et puis, elle augurait mal de cette jeune fille, délicate, élevée dans les splendeurs du siècle, au sein de l'opulence, et venue au couvent des Capucines plutôt par boutade que par vocation réelle. « Elle ne pourra jamais se défaire de ses habitudes seigneuriales... elle n'aura jamais l'esprit de la Congrégation ! » Si on émettait quelque doute, même timide, la Maîtresse montait de ton et, avec des allures prophétiques accompagnées d'un geste significatif disait : « je vous prédis que si on la reçoit, Sœur Marie-Madeleine sera la ruine de l'observance régulière. »

Naturellement, les autres Sœurs partageaient toutes, plus ou moins, son avis. En conséquence, c'était naturel aussi, il fallait éprouver cette vocation et la peser au poids du sanctuaire :   d'où, mortifications, rebuts, pénitences publiques, coulpes écrasantes, tous les jours, et ordinairement, plusieurs fois par jour.

Sœur Marie-Madeleine supportait tout,

avec humilité, en silence, par amour pour Dieu.
La Mère Maîtresse en était surprise.

Entre temps le démon multipliait les tentations de découragement et de dégoût. La
famille redoublait d'instances pour la faire
revenir d'une détermination que ses forces ne
lui permettraient sûrement pas de tenir.

Battue par l'orage Sœur Marie-Madeleine
se prosternait aux pieds du Crucifix, son
unique refuge et sa seule force. Elle arrosait
sa cellule des larmes de ses yeux et du sang
de ses disciplines: Sauf trois heures de sommeil, elle passait ses nuits en prière suppliant
Dieu d'apaiser la tempête où sa vocation si
violemment assaillie par les flots menaçait de
sombrer.

Ces combats et ces peines ne ralentissaient
ni sa régularité dans l'accomplissement des
exercices du Noviciat, ni la rapidité de ses
progrès dans la pratique des vertus religieuses.
Dieu la récompensa par une faveur signalée.

Au jour où les votes furent donnés pour ou
contre son admission, au grand étonnement
de la communauté entière, tous furent favora-
bles. Donc le 8 septembre 1706. Sœur Marie-
Madeleine fit sa profession solennelle entre
les mains de la Mère Abbesse, et sous la pré-

sidence du chanoine Giustiniano Avvoltori,
le même qui avait présidé à la cérémonie de
sa vétûre,

Dès lors elle se voua sans restriction ni
calcul, avec une générosité sans défaillance
au service de son Maître divin. Ce fut au
pied de la lettre l'Epouse fidèle : fidèle aux
lumières, aux impulsions, aux appels de Dieu:
fidèle aux prescriptions et aux conseils de la
règle. « Plutôt mourir mille fois, avait-elle
coutume de dire, que de transgresser un seul
article de la sainte Règle. »

Avec quelle intrépidité elle travailla à tuer
l'orgueil de son esprit et l'indépendance de
sa volonté ; avec quels transports elle courba
la tête sous le joug de l'obéissance ; indépendamment de ses actes admirables, son autobiographie en témoigne de façon aussi poéti-
que que péremptoire. Elle appelle son entrée
dans la vie religieuse « l'enterrement de sa
volonté propre. »

« On dit qu'après avoir été décapité, Saint
Denys l'Aréopagyte prit son chef dans les
mains et le porta à deux milles de distance.
C'est ce que je fis. La tête dans mes mains
j'entrai dans le cloître où je fus reçue par
toutes les Mères portant des cierges allumés.

Arrivée au chœur je la déposai aux pieds du grand Crucifix qui surmonte l'autel et je l'y clouai, bien résolue à ne jamais plus la reprendre. Telle fut mon entrée solennelle dans la Religion Séraphique, où je devais commencer une vie toute sainte, mais aussi toute de mort. Ce furent les funérailles de ma volonté propre. » Et en effet, une fois descendue au tombeau sa volonté propre n'en sortit plus.

Son obéissance fut aussi persévérante que généreuse.

Et sa pauvreté ne le céda à son obéissance. ni en constance ni en héroïsme.

Elle, la noble héritière des Martinengo de Barco, qui était née et avait grandi dans le faste, à qui le monde avait souri de ses sourires les plus enchanteurs, dont la main avait été sollicitée par les princes de la terre, devenue Sœur Marie-Madeleine, n'avait pour palais qu'une étroite cellule, pour vêtements qu'une robe de bure, pour couche qu'une planche rugueuse, pour ameublement qu'un crucifix avec une image et quelques livres de piété. C'était bien la misère de Bethléem, la détresse de Nazareth, la nudité de la Croix du Calvaire. C'était la reproduction exacte de la pauvreté séraphique de Claire d'Assise. Et

celà dura trente-deux ans, c'est à-dire jusqu'au jour où, dépouillée de sa chair, elle alla
au ciel jouir de Celui pour l'amour duquel,
alors qu'elle était si riche elle avait voulu
être si pauvre.

Admirable par son obéissance et par sa
pauvreté, elle ne l'était pas moins par l'éclat
de sa pureté virginale. Ange terrestre, sa
conversation était au ciel avec les esprits
bienheureux. Pendant dix-huit ans, jamais on
ne la vit lever les yeux au Réfectoire. Pendant
vingt-cinq ans elle ignora comment était fait
le chœur, où pourtant elle allait si fréquemment. Elle ignorait même le nombre de
croisées qui l'éclairaient. C'est dire combien
vigilante était la modestie de ses regards, et
c'est faire aussi le plus éloquent panégyrique
de la lutte opiniâtre qu'elle livrait à ses sens
pour les maintenir sous les lois de l'esprit.

Aussi bien, l'humiliation et la pénitence
sont les plus efficaces garants de la fidélité
religieuse. Sœur Marie-Madeleine l'avait com-
pris. La Mère Maîtresse plus clairvoyante en
ce point, lui donnait mainte occasion de ne pas
l'oublier.

Pendant trois années encore, selon la Règle,
la jeune professe devait rester au Noviciat, et

se livrer comme les autres novices aux plus
pénibles et mortifiants travaux de la cuisine,
de la lingerie, du jardin. La Mère Maîtresse
veillait et ne manquait ni de fermeté ni de
zèle.

Elle commandait un travail, et Sœur Marie-
Madeleine obéissait avec promptitude. Pendant qu'elle vaquait à un autre emploi la
Maîtresse s'empressait de défaire le travail
accompli et, naturellement, la reprenait en
termes sévères de ce que rien n'était fait.
L'humiliation était bonne. La fervente novice
était ravie de joie.

Un jour, quantité de vaisselle ayant été
cassée à la cuisine et personne ne s'accusant
de la maladresse commise, Sœur Marie-Madeleine ne voulant ni mentir ni laisser échapper
une si belle occasion de s'humilier, fit sa
coulpe en ces termes. « Ma mère un certain
nombre de plats ont été cassés à la cuisine!...»

— Maladroite! risposta la Mère Abbesse;
étourdie! tête sans cervelle!... vous n'en faites
jamais d'autres!... » Et elle lui fit faire un
collier de tous les débris de plats cassés, avec
ordre de le porter pendant trois jours. La
Bienheureuse s'exécuta, et pendant trois jours,

porta cette parure d'un nouveau genre suspendue à son cou.

Assoiffée de pénitence elle renchérissait sur les austérités de la règle, pourtant si sévère. Ses jeûnes étaient perpétuels. Aux aliments qu'elle prenait elle mêlait des herbes amères, sur sa couche elle semait de petits morceaux de bois. Chaînes, bracelets, haires, disciplines étaient d'un aspect effrayant. Elle s'en meurtrissait jusqu'à tomber en défaillance.

Elle avait des émules dans la sainte communauté de Bescia. Toutes les religieuses s'y livraient aux macérations extraordinaires. Il faut croire qu'il y avait abus. Car les santés périclitant, de par l'autorité ecclésiastique ordre fut donné à la Mère Abbesse, d'imposer à toutes l'obligation de déposer entre ses mains les instruments de pénitence. La Mère Abbesse, effarée, en remplit une cellule.

Désolée, Sœur Marie-Madeleine demanda un entretien au cardinal Badoaro, et sur la promesse formelle qu'elle n'exagèrerait pas, obtint la permission de garder les siens.

Déjà son zèle pour la pénitence touchait à l'héroïsme. En sonnant la cloche elle s'était démis une épaule. Or, chose inouïe, pendant plusieurs jours elle continua sans rien dire, ses travaux manuels : au prix de quelles douleurs !... on le conçoit aisément. Enfin on s'en aperçut. Mandé en toute hâte le chirugien n'ayant pu qu'imparfaitement remettre en place l'os déboîté, partit mécontent de lui-même et de son art. Sœur Marie-Madeleine était ravie. Elle avait en perspective de longs mois de souffrance.

La souffrance n'était-ce pas la grande loi de sa vie crucifiée !

CHAPITRE IV

Croix et Amour

Les souffrances que la Bienheureuse Marie-Madeleine endurait dans sa chair, n'étaient rien comparées à celles qu'elle avait à subir dans son esprit et dans son cœur. Autant l'esprit l'emporte sur la matière et l'âme sur le corps, autant les épreuves morales l'emportent en acuité sur les douleurs physiques. A ce point de vue la vie religieuse fut pour elle un martyre et son couvent de Brescia un Calvaire en permanence.

Ame pure, candide, toute séraphique, elle eut voulu monter à Dieu sur les ailes rapides de l'amour. Dieu qui voulait en faire son épouse crucifiée permit qu'elle fut inondée d'amertumes spirituelles et que son cœur, aride comme la terre sans eau, fut desséché au vent brulant des tribulations. Pendant de longues années il la priva des douceurs intérieures par lesquelles jusqu'alors il lui avait fait goûter sa présence. Sans lumière pour ses ténèbres, sans remède pour ses anxiétés, sans consolation pour ses peines, la Bienheureuse voyait son esprit hanté par le doute, son cœur par le désespoir, son âme par une insurmontable terreur des colères divines. Elle n'avait de repos ni le jour ni la nuit. Qu'elle était loin de marcher dans les délicieux sentiers du pur amour baignés de la rosée des célestes suavités! Seule la grâce la soutenait, et Marie la consolait aux jours où l'église célèbre ses principales fêtes.

Son confesseur ne la comprenait pas toujours, et son inaptitude à diriger les ascensions mystiques de sa pénitente était, pour cette dernière, l'occasion d'épreuves forts pénibles. Bien des fois elle revenait d'auprès de lui la conscience plus tourmentée.

Sur ces entrefaites un Père Jésuite vint prêcher au monastère de Brescia les exercices de Saint Ignace. C'était un parfait missionnaire, prédicateur éloquent, fort érudit et grandement dévot. Mais oubliant qu'il n'avait plus au pied de sa chaire le même auditoire qu'en temps de mission il prêcha, à grand fracas d'éclairs et de tonnerres, la sévérité des jugements de Dieu, les tourments de l'enfer et les épouvantes de l'éternité ; bref, tout ce qu'il fallait pour bouleverser de fond en comble les innocentes et timides âmes qui l'écoutaient. Le malheureux orateur faillit tuer la Bienheureuse. « Je ne pouvais l'entendre. Je me sentais mourir ! »

Le Jésuite tonna de plus belle. Ce fut au point d'inspirer à ses auditrices qu'il s'en fallait de peu qu'elles ne fussent déjà damnées.

« Je me croyais déjà condamnée et ne faisais que pleurer à chaudes larmes. O Dieu ! ô Dieu ! Bonté infinie ! disais-je ; pourquoi me manifester les beautés et les tendresses de votre amour pour ensuite me chasser de votre présence à jamais ?... Mon Dieu, je veux vous aimer tant qu'il me restera un souffle de vie. Je veux vous aimer sans mesure en ce monde puisque je ne pourrai plus vous aimer dans l'autre... Et alors, ô mon Dieu ! avant peu je me présenterai à votre tribunal et serai séparée de vous à jamais !... Non, non, je ne peux me faire à cette pensée. Seigneur, vous seul j'aime et j'adore ! »

A la suite des discours de l'intempestif prédicateur elle tomba malade de douleur et d'appréhension. Trois médecins vinrent et prescrivirent quantité de remèdes, entre autres des vésicatoires.

Quand la Sœur infirmière voulut les appliquer elle poussa des cris de stupeur.

— Qu'avez-vous donc? demanda la Bienheureuse.

— Mais vos chairs sont toutes déchirées !

— N'ayez pas peur, c'est le travail de la discipline.

Son état empirant, on lui administra les derniers sacrements. Alors, le Cardinal Badoaro lui dit :

— Ma Sœur, avant peu vous irez jouir de votre époux céleste !…

— Non, non, je ne veux pas mourir !…

Parole étrange. Eh quoi ! tu ne veux pas que ta maison terrestre se dissolve ? O épouse de Jésus ! tu ne veux pas t'envoler vers ce Dieu que tu désires avec tant d'amour ? Tu ne veux pas mourir ?…

Mystère !

Ou plutôt, magnifique expression d'un sentiment qu'elle n'osait révéler, mais qui pénétrait son âme d'épouse crucifiée.

Au ciel on ne souffre plus. Au ciel, il n'y a ni pénitence ni douleur ; et Sœur Marie-Madeleine voulait demeurer sur la croix, afin de mieux se configurer au Christ souffrant. Voilà pourquoi elle disait : « Non, non, je ne veux pas mourir ! »

Et elle ne mourut pas. Le vingt et unième jour de sa maladie, Jésus-Christ lui apparut en habits pontificaux étincelants d'or et de lumière. Il s'arrêta au côté gauche de la couche de douleur où se consumait d'amour sa bienheureuse servante : « Ma fille, je viens t'apporter moi-même l'indulgence plénière de tous tes péchés. »

Ces paroles prononcées sur un ton de douceur infinie, rassérénèrent Sœur Marie-Madeleine, si profondément troublée par les sermons qu'elle avait entendus durant la retraite. Une paix céleste inonda son âme et se refléta sur son visage en épanouissements de joie. Elle se leva guérie.

Mais ces tribulations ne ralentissaient pas son ardeur à gravir la montagne ardue de la perfection religieuse. Non contente d'être héroïquement fidèle à sa règle et aux pratiques conventuelles, avec l'approbation du cardinal Badoaro, elle fit le vœu du *plus parfait,* c'est-à-dire le vœu de faire toujours ce que la lumière de la grâce lui ferait comprendre être plus avantageux à la gloire du Seigneur et utile à son âme. Elle le formula comme il suit :

« Pour correspondre, ô mon Dieu, au désir intense que j'ai de vous aimer de tout mon cœur et de vous servir avec toute la diligence possible, votre très sainte grâce aidant, moi, Sœur Marie-Madeleine pauvre et indigne Capucine, je fais vœu de penser, dire et faire tout ce que je connaîtrai clairement être plus parfait et plus agréable-à votre divine Majesté. »

Quand elle fit ce vœu héroïque, la Bienheureuse avait vingt-quatre ans. Elle fut fidèle jusqu'à la mort.

Il était dit que cette âme généreuse atteindrait les limites de l'héroïsme chrétien.

Elle fit un second vœu, destiné à lui faciliter l'imitation de la Passion de Jésus-Christ; le vœu de toujours souffrir : « renonçant à tout soulagement intérieur et extérieur, embrassant toute douleur intérieure et extérieure afin de vivre constamment dans la peine et dans l'angoisse, clouée avec le Christ sur sa croix. »

Comme conséquence, elle s'imposa l'obligation de louer Dieu dans toutes ses créatures, mais spécialement quand elles étaient pour sa chair une occasion de pénitence.

« Je révère la terre lorsque je m'y tiens à genoux des heures entières, avec grande fatigue ; je la révère lorsque je n'ai qu'une pierre pour oreiller, lorsque je la baise ou que je l'arrose de mon sang. Je loue Dieu dans l'eau qui me sert à laver le linge, quand elle est bouillante ou glacée et qu'elle me fait souffrir. Quand je fais couler de la cire d'Espagne sur ma chair et que j'en suis toute brûlée, je loue Dieu dans le feu. Je loue Dieu dans ma tête, dans mes dents, dans mes nerfs ; si grand que soit le martyre qu'ils me fassent souffrir, j'en remercie la Providence divine qui ne le permet que pour mon profit. »

Ce n'est pas tout. Sur l'inspiration de Dieu[1], qui le lui demanda formellement

---

[1] Rappelons en passant qu'il n'est ni prudent ni louable de faire des vœux sans l'autorisation d'un directeur éclairé. Disons aussi que les vœux faits par notre Bienheureuse, plus admirables qu'imitables, sont l'apanage exclusif de quelques âmes privilégiées et particulièrement attirées par la grâce. Il en est qui s'abusent étrangement. J'en ai trouvé qui avaient fait le vœu d'amabilité, d'autres le vœu de simplicité, et à qui je dus rappeler, ce que je fis consciencieusement, les plus urgentes prescriptions du Décalogue.

après une communion, elle fit vœu de toujours brûler de son divin amour. Elle s'engagea donc : « Dans ses pensées, paroles, œuvres, sans trêve ni relâche, le jour et la nuit, jusqu'à la mort, à rester unie à Dieu avec une attention souveraine, de telle sorte qu'elle ne le perdît jamais de vue, et dans la mesure du possible, que sa vie devînt un perpétuel entretien avec Lui. »

En parlant de ces vœux : « Ce sont mes chaînes d'or, disait-elle ; ce sont mes chaînes d'amour !... Elles m'attachent au Tout-Puissant et très aimable Seigneur. Elles me servent d'ailes pour m'élever jusqu'à son cœur divin. »

Jésus-Christ ne tarda pas à lui faire sentir les suaves mais sanglantes rigueurs de sa croix. C'est ainsi qu'il témoigne de son amour envers les saints.

Aussi bien, n'est-ce pas ce à quoi notre Bienheureuse aspirait de toute l'énergie embrasée de ses désirs ?

Elle travaillait à la cuisine, lorsque dans un mouvement de ferveur enthousiaste, elle demanda à Jésus-Christ de lui faire souffrir quelque chose des douleurs de son agonie. Immédiatement elle fut exaucée.

Son esprit fut envahi par de telles angoisses, son cœur tourmenté par une tristesse si profonde, son corps entier agité par un si douloureux tremblement qu'elle versa des torrents de larmes. Elle faisait pitié à voir.

Dès lors, tous les vendredis Jésus-Christ la fit participer à quelque mystère de **sa** Passion.

Entre autres privilèges qu'il lui accorda, pendant de longues années et sans relâche, il lui fit souffrir au front les douleurs du couronnement d'épines.

Un jour, tandis que dans une amoureuse contemplation elle suivait Jésus-Christ montant au Calvaire chargé de sa croix : « En voyant, dit-elle, cette croix pesante écraser les épaules du Sauveur, je me sentis mourir de compassion. A l'instant même, j'éprouvai une partie des peines affreuses du divin Maître, peines qui, surpassant ma faiblesse, m'arrachèrent des cris d'épouvante. » Aux cris poussés par la Bienheureuse, quelques religieuses accoururent et, la trouvant étendue par terre presque inanimée, la prirent dans leurs bras et la portèrent à l'infirmerie. « Mes épaules et mon dos, ajoute la Bienheureuse, étaient enflés à faire peur. »

Dans une autre circonstance, elle méditait sur les stigmates du séraphique Père. Bien qu'elle se réputât indigne de participer à ce douloureux mais incomparable privilège, elle désira éprouver quelque chose des souffrances du crucifiement et, en particulier, de celles que Jésus-Christ endura lorsque les bourreaux tirèrent ses membres avec violence pour les faire parvenir jusqu'aux trous creusés dans la croix. Aussitôt, elle sentit sa poitrine comme écrasée sous la pression d'un poids invisible ; ses côtes se déplacèrent de telle sorte que « celles du côté du cœur restèrent plus élevées que celles du côté opposé ».

Ces trois douleurs, de la tête, des épaules, de la poitrine, Marie-Madeleine les appelait joyeusement « ses trois précieux cadeaux ».

Vers la même époque elle reçut deux nouvelles faveurs non moins insignes..

Un matin, contrairement à son habitude, elle s'était attardée et n'était pas venue à la cuisine à l'heure réglementaire. Sa compagne fort surprise, se mit à sa recherche et, après l'avoir trouvée, lui adressa de doux reproches. Marie-Madeleine la suivit, marchant d'un pas pénible. Son visage était pâle, défait, sa respiration difficile. On eût dit qu'elle étouffait.

Entrée à la cuisine, elle alla s'appuyer à une table et avec vigueur serra ses mains sur la poitrine, comme si elle voulait dissimuler un objet sous son vêtement La compagne s'approche saisit les mains de la Bienheureuse et les ouvrant de vive force :

— Faites voir ce que vous tenez !

Les mains étaient ruisselantes d'un sang vermeil qui coula jusqu'à terre. Epouvantée, la bonne Sœur s'écria :

— Qu'est-ce que cela veut dire ?

Elle répondit simplement :

— J'ai reçu cette blessure du Seigneur !...

Elle avait reçu la grâce des stigmates.

« O mon Dieu, écrivit-elle plus tard, je sens dans mon cœur une blessure qui m'enlève tout repos, mais je ne sais quelle est cette blessure. Archer suprême, le Père éternel a pris son arc, c'est-à-dire son Verbe divin, et avec la flèche d'or embrasée qui est le Saint-Esprit, a blessé mon âme d'une blessure profonde. Blessée et Archer ne sont plus qu'une seule chose. »

C'est en ces termes voilés qu'elle révélait

la grâce insigne des stigmates dont elle avait
été favorisée.

Mais à l'imitation de sainte Catherine de
Sienne, poussée par un motif d'aussi admirable humilité elle demanda à Dieu et obtint
que les stigmates fussent invisibles. Nous en
avons la preuve dans les paroles qui lui échap-
pèrent un jour, lorsque, devenue Maîtresse des
novices et lisant à celles-ci la vie de cette
sainte, arrivée au passage des stigmates, elle
s'écria les yeux au ciel : « Ah ! le Seigneur
voulant privilégier une âme vivante des sacrés
stigmates, prié par elle qu'ils demeurassent
intérieurs fut exaucée aussitôt [1] ! »

Quelque temps après, dans une circonstance mémorable, la Bienheureuse reçut une
faveur non moins précieuse. C'était le Ven-
dredi-Saint. Ravie en esprit sur le Calvaire
elle méditait la Passion du Sauveur. Tout à
coup, Jésus-Christ lui apparut et, en présence
de la cour céleste se fiança à son illustre servante. Il lui passa à l'annulaire de la main
droite une bague d'or pur qui, comme les
stigmates, demeura invisible, mais que le

[1] Lire le savant ouvrage du docteur Imbert: *La Stig-
matisation* 2 magnifiques volume in 8° chez Bellet, éditeur,
à Clermont-Ferrand, Avenue Carnot.

confesseur put palper à loisir, en admirant les merveilles que le Seigneur opère dans ses saints.

Une de ses compagnes palpa elle aussi cet anneau mystérieux, gage évident de la prédestination de l'épouse crucifiée de Jésus. La Bienheureuse en profita pour l'encourager à la pénitence et au service de Dieu : « Ayez bon courage et mortifiez-vous. Voyez les belles choses que le Seigneur sait faire. »

Tant de privilèges, tant de douloureuses mais si suaves manifestations de la tendresse divine à son endroit, en enflammant son amour la maintenaient cependant dans les sentiments de l'humilité la plus admirable. Elle disait avec un accent de conviction étonnant : « Je suis une bête immonde [1] »!... Après ma mort, qu'on me jette au fumier, afin que je ne profane pas le cimetière où reposent les corps de tant de pures vierges ! »

Si ces grâces extraordinaires l'abîmaient dans son néant, elle les considérait comme une divine provocation à la douleur et activaient sa passion de souffrance. Dieu avait cloué son âme à la croix de Jésus-Christ. Avec quelle fougue délirante elle y cloua sa chair !...

____

(1) *Carogna fetente.*

CHAPITRE V

Héroïne de Pénitence

EN 1771 le promoteur de la foi, après avoir lu le récit des macérations de la Bienheureuse Marie-Madeleine, ne put s'empêcher de dire que vraiment il était impossible de le parcourir sans en être terrifié[1]. Le lecteur éprouvera, j'en suis persuadé, le même sentiment de stupéfaction et se demandera, je me le demande, comment une créature humaine peut, sans mourir de douleur, supporter les traitements barbares que l'Epouse crucifiée de Jésus infligeait à sa chair.

C'était en 1725. Un vase de vin ayant roulé à terre et Marie-Madeleine n'ayant pu le re-

____

(1) *In his recensendis horrescit animus.*

lever, elle pria une compagne de le faire à sa place. « Mon bras droit est paralysé, dit-elle, absolument sans force... » Avertie de l'accident la Mère Abbesse manda le chirugien qui prescrivit d'énergiques remèdes. Les remèdes n'aboutirent pas. Il le fallait bien, la Bienheureuse s'étant refusée à révéler la cause de son mal.

Mais ce bras mort la gênait considérablement dans son travail. Afin de pouvoir s'en servir encore elle manifesta à une de ses compagnes ce qu'il en était. Elle s'était enfoncé une aiguille dans la partie supérieure du bras: c'est ce qui motivait la paralysie. L'autre fut terrifié. On l'eut été à moins.

« Tenez, dit la Bienheureuse en lui présentant un instrument tranchant, élargissez un peu la plaie, fouillez dans la chair vous trouverez l'aiguille. »

La pauvre sœur prit l'instrument d'une main tremblante et, timidement, essaya. Le cœur lui manqua. Elle refusa d'aller plus avant. « Mais fouillez donc ! fouillez vous dis-je !... N'ayez pas peur, vous trouverez ! » L'autre jeta l'instrument et se répandit en reproches : « Pourquoi n'avez-vous pas dit cela au chirugien quand il est venu ?... c'est mal… » Et le sourire aux lèvres, avec une simplicité héroïque, la Bienheureuse répondit: « Oh ! je ne croyais pas qu'une aiguille pût occasionner tant d'incommodité, mon corps étant familiarisé avec le fer. »

Sur ce, elle prit l'instrument, élargit la plaie et essaya de retirer l'aiguille. Ce fut en vain. Elle cessa. Quelques jours après l'extrémité de l'aiguille parut. La Bienheureuse pria sa compagne de la retirer : ce qu'elle fit assez aisément.

C'était un vrai martyre ! Elle l'appelait « son cilice secret. » Que de fois elle le renouvela ! Dans son autobiographie elle a raconté qu'elle avait planté jusqu'à trente-trois aiguilles dans sa chair ; aux bras, aux jambes, aux côtés, jusque dans la tête ! … Les médecins le constatèrent lorsqu'après son décès ils firent l'autopsie de son corps.

Afin de faire pénitence même en prenant ses trois heures d'insdispensable repos, pendant longtemps elle se coucha, la tête couronnée d'épines.

Un jour elle se blessa grièvement à l'œil et dût renoncer à cette pénitence. Saintement irritée, elle voulut comme compensation s'enfoncer une épine dans la tête ; elle ne put y réussir et tomba évanouïe.

Mécontente mais non vaincue elle se fabriqua un cilice avec des ronces, et le serra si fortement qu'il creusa des blessures tout autour de ses flancs. C'était exprès. Elle chanta victoire.

Ses disciplines étaient terribles avec leurs pointes de fer. Sept, huit fois par jour, avec une vigueur d'athlète, et jusqu'à ce qu'elle eut récité les psaumes de la pénitence elle mettait sa chair en lambeaux.

Dans les circonstances plus solennelles elle usait de ce qu'elle appelait « sa discipline secrète. » Armée d'un petit canif elle se tailladait à plaisir par tout le corps !... Elle pouvait dire sans mentir : « mon corps est familiarisé avec le fer. »

Elle était aussi bien familiarisée avec le feu. Tantôt elle fait couler de la cire d'Espagne embrasée sur ses jambes ou sur ses bras. Tantôt c'est une pincée de soufre qu'elle pose sur son pied, allume, et regarde tranquillement brûler. D'autrefois ce sont des gouttes d'acide sulfurique : « Alors, les chairs brûlaient comme si elles eussent été des charbons embrasés. »

Avec une plume trempée dans ce liquide dévorant elle grava le saint nom de Jésus sur la partie supérieure du bras gauche. Pendant quarante jours elle en souffrit de vives douleurs. Mais l'empreinte du Nom sacré resta et Marie-Madeleine ne se posséda pas de plaisir.

Elle voulut recommencer au bras droit. Hélas ! je ne sais comment elle s'embrouilla et renversa sur elle le liquide. Toujours est-il qu'une de ses jambes fut brûlée de la plante du pied jusqu'au genou. Telle était l'indomptable énergie de son âme que, malgré l'acuité de la douleur, à l'instant même elle s'agenouilla, et, les bras en croix, récita les psaumes de la pénitence.

Et pourtant, entendez-la ! Avec quelle rudesse elle apostrophe sa chair ! « Ne sais-tu pas que les souffrances sont des ailes qui me font voler vers le Bien souverain, èt que plus tu seras crucifiée plus je serai unie à l'infinie Bonté ? »

Voilà clairement énoncé le motif qui la poussait de façon si irrésistible vers la douleur.

Rien n'égalait en intensité le feu de ses désirs. « J'ai une telle soif de souffrance que je renoncerais à jouir de Dieu afin de pouvoir souffrir ! » Et elle en donnait cette excuse, sublime révélation des transports de sa charité : « Si je n'avais pas la souffrance pour tempérer l'ardeur de mon amour il me serait impossible de la supporter. »

Aussi avec quelle éloquence elle invectivait les âmes délicates et sensuelles ! Et comme elle savait s'encourager à l'amour de la Croix, non seulement en expiation de leur lâcheté, mais encore et surtout, en prenant pour modèle de ses austérités généreuses l'exemple de Jésus-Christ et de ses saints !

Elle disait : « Si en vue de la santé du corps on ordonne des ventouses, des vésicatoires, des cautères ; si on emploie le feu et bien d'autres tourments pour guérir la gangrène, pour la santé et le salut de l'âme on ne pourra faire quelque chose ?... Tous les saints ont été cruels envers leur corps : je peux faire de même. Donc, ô mon Dieu, je vous connaîtrai et je vous aimerai. J'y mettrai toute ma diligence. Et comme en cette vie l'aliment de l'amour pour la personne aimée est la souffrance, je souffrirai tant que je pourrai afin d'aimer tant que je pourrai. »

Elle ne se lassait pas de soupirer après la

douleur : « Je voudrais que le Seigneur me fît souffrir tous les tourments que tous les martyrs réunis ont souffert. Tous les jours, quand j'entends lire le martyrologe je me sens tourmentée par une jalousie qui me dévore le cœur, en raison du désir véhément que j'éprouve de souffrir. »

Du désir elle passait aux actes; avec quelle allégresse ! avec quelle invincible générosité !...

Un matin elle lut dans le martyrologe que, durant le martyre des saints Crépin et Crépinien, les bourreaux enfoncèrent des pointes très aigues entre la chair et l'ongle de leurs mains et de leurs pieds. Soudainement prise du désir d'expérimenter ce qu'ils avaient dû souffrir, elle prit des aiguilles et s'infligea ce supplice pendant plusieurs heures consécutives.

Une autre fois, en pensant aux pieds transpercés du Sauveur elle rogna les ongles des siens jusqu'à la racine. La douleur fut atroce. La gangrène faillit s'y mettre. De longtemps elle ne put marcher qu'au prix des plus pénibles efforts.

C'est ainsi que l'héroïque Marie-Madeleine

calmait sa soif de pénitence et se consolait de ne pouvoir, comme les martyrs, descendre dans l'arène afin d'y verser son sang pour l'amour de Jésus-Christ.

CHAPITRE VI

Charges et Dignités

E N 1723, les religieuses Capucines réunies en Chapitre procédèrent à leurs élections, et, à l'unanimité élurent la Bienheureuse pour l'importante fonction de Maîtresse des Novices. Elle avait alors trente-trois ans.

Ce fut comme un coup de foudre. Elle était si loin de penser qu'elle pouvait être apte ou utile à quoi que ce soit. Après avoir versé des larmes de regret, elle s'inclina devant la volonté de Dieu et le vote de ses sœurs. En vérité le choix était excellent. Nulle autre ne pouvait mieux initier les débutantes aux vertus et aux pratiques religieuses. L'expérience le prouva.

Consommée en perfection, animée d'une

charité et d'un zèle à toute épreuve, ferme et
prudente, douée d'un esprit judicieux, avec
cela éclairée d'En-Haut sur les tentations,
nécessités, peines spirituelles des Novices, la
Bienheureuse pouvait servir avec succès la
cause de leur sanctification. Elle n'y manqua
pas. Toujours les yeux fixés sur leur conduite,
rien dans leur caractère, leurs aptitudes ou
leurs dégoûts, n'échappait à ses regards.

Un beau jour, elle arrive à la salle où les
postulantes étaient réunies et leur enjoint
d'aller revêtir leurs habits séculiers. L'une
d'elles, en se voyant aux mains les gants
qu'elle portait dans le monde, ne sut pas
se défendre d'un léger mouvement de vanité. « Ma sœur, dit aussitôt la Mère Maîtresse, allez au jardin répandre le fumier à
terre ; vous n'aurez d'autre instrument que
vos mains. » Et tandis que la postulante
s'éloignait pour exécuter l'ordre reçu, elle
ajouta de façon significative : « Souvenez-
vous de vos jolis gants !... »

Habile quand il fallait diriger leurs âmes,
les porter à la prière et au recueillement, les
exciter à la mortification et au mépris des
choses de la terre, elle mettait en œuvre tou-

tes les tendresses de sa charité quand il fallait les corriger de leurs défauts.

A force de la voir perdue en extase, les yeux à demi fermés, une novice s'était mise en tête que sa Mère Maîtresse était crétinisée (*cretina*) ou pour le moins, profondément hypocrite ; par conséquent, qu'elle ne pouvait lui donner sa confiance.

La Bienheureuse s'en aperçut vite, et demanda pourquoi. L'autre ne voulut rien dire et persévéra dans sa conviction. Comme elle ne progressait point, la Maîtresse la fit appeler et lui commanda de révéler son secret. La Novice éclata en sanglots. Sur de nouvelles instances : « Eh bien ! oui, je ne peux avoir confiance en vous ; je suis persuadée que vous êtes crétinisée !... » La Bienheureuse l'embrassa. Ce fut toute sa réponse. Mais quand elle se retira, la sœur en question sentit son âme renaître à la confiance. La tentation était vaincue.

Un mot, un signe, un simple regard de la vertueuse Maîtresse suffisait à remettre en paix les âmes les plus troublées et à chasser des esprits les plus épaisses ténèbres.

Heureuses Novices ! Elles progressaient si rapidement en toutes les vertus, et leurs bons exemples étaient si éclatants, que les anciennes désiraient revenir au Noviciat afin de pouvoir bénéficier des sages directions qu'elles recevaient.

Cette admiration dura peu, le démon ayant réussi à semer la zizanie dans le jardin fermé du monastère de Brescia.

Quelques sœurs commencèrent à dire que la Mère Maîtresse était beaucoup trop jeune pour exercer une fonction si importante ; qu'elle manquait d'expérience et de savoir-faire ; en conséquence qu'il fallait lui retirer la direction du Noviciat.

D'autres tremblèrent pour l'avenir du monastère. « Elle exagère !... ce n'est pas ainsi qu'on forme de bonnes religieuses !... Elle nous prépare des *serpentelli*, des serpents d'hypocrisie ! » Comme les premières, elles concluaient qu'il fallait en toute hâte pourvoir à son remplacement.

Le confesseur intervint et confirma de sa haute autorité tous ces dires injustes : « En effet, dit-il, la vie de la Mère Maîtresse n'est qu'un tissu de mensonges et d'hypocrisie ! » Ayant reçu d'elle des manuscrits pour qu'il les examinât, scandalisé sérieusement, il les jeta au feu en s'écriant : « Ils sentent l'hérésie ! »

En forme de commentaire il ajouta : « Mère Marie-Madeleine est une hallucinée ! »

Là-dessus, le Supérieur ecclésiastique lui interdit tout rapport avec les Novices. La Bienheureuse fit mieux. Non contente de se conformer à cet ordre si humiliant et si douloureux, au préalable elle commanda à ses filles de considérer comme non avenu tout ce qu'elle leur avait enseigné.

Bientôt cependant on reconnut son innocence et ses aptitudes de directrice. La tourmente cessa.

Jésus-Christ ne tarda pas à la récompenser de la patience et de la force d'âme avec lesquelles elle avait supporté cette épreuve.

Durant une neuvaine préparatoire à la fête de Noël, vers minuit, les Novices l'entendirent parler à voix haute, mais sur un ton si expressif et si pénétrant qu'elles ne purent retenir leurs larmes. Persuadées que la Mère Maîtresse conversait avec l'Enfant Jésus, elles furent sur le point d'ouvrir la porte de sa cellule pour voir ce qui s'y passait. Elles n'osèrent.

A la première conférence qui eut lieu le lendemain : « Ma Mère, lui demanda-t-on, quelle était cette voix que nous avons entendue cette nuit ? »

— Oh ! s'écria la Bienheureuse, il était si beau le divin Enfant !... Il était si beau !... » Se ravisant soudain : « N'y prenez pas garde ! .. des songes ! des songes !...

Avec la charité dans les rapports et l'activité au travail, la vertu qu'elle recommandait de préférence c'était l'humilité.

« Fixez-vous dans votre néant et ne désirez dans la sainte religion que d'être méprisées et délaissées. Présentez-vous au Seigneur ainsi anihilées et il vous accueillera comme ses filles chéries. »

D'ailleurs, elle leur donnait l'exemple. Fréquemment elle les réunissait à la salle commune, tombait à genoux et leur enjoignait de l'accabler de toutes les injures qui leur passeraient par la tête. Les Novices s'exécutaient, paraît-il, de très mauvaise grâce.

Ce qu'elle leur imposait au Noviciat, la Mère Abbesse l'exigeait parfois au Réfectoire et en présence de toutes les religieuses, autant pour favoriser le goût très vif de la Bienheureuse pour l'humiliation, que pour confondre celles qui doutaient ou voulaient douter encore de sa vertu. « Allons, levez-vous et dites que votre Maîtresse a la tête dure, qu'elle est orgueilleuse et criblée de défauts ! » Et Marie-Madeleine, à genoux, recevait avec délices l'humiliation qui lui venait de celles qu'elle avait mission de former à la vie parfaite. Ce n'est pas ce qui contribuait le moins à accélérer leurs progrès.

Aussi bien, après avoir prêché d'exemple pouvait-elle prêcher de parole avec plus d'autorité.

Une Novice ayant été mise en pénitence se plaignit de ce que la Mère Maîtresse, la sachant innocente, n'avait rien dit pour l'excuser : « Elle aurait dû le faire, au moins pour qu'on ne dise pas qu'elle ne sait pas former ses novices ! »

— A quoi bon les excuses ! répartit la Bienheureuse. Ne voyez-vous pas que de la sorte nous avons toutes à y gagner ? Vous, en supportant les reproches immérités, moi en subissant la mortification de n'avoir pas su vous former comme il faut !... Ah ! ma Sœur, si vous saviez combien l'humilité est précieuse aux regards de Dieu vous ne parleriez pas ainsi !...

Elle excellait à réconforter leur courage.

Une Novice allait être renvoyée pour cause de santé. Désolée, les yeux en larmes, elle alla frapper à la porte de la Bienheureuse. « Ma Mère, priez pour moi !... C'est tout ce qu'elle put dire. La charitable Maîtresse pria et lui obtint non seulement de guérir, mais encore de vivre toujours en modèle de régularité et de ferveur.

Quand il fallait recourir au miracle la Bienheureuse n'hésitait pas.

Une autre Novice qui avait à gémir de fréquents saignements de nez en fit l'expérience. Tandis qu'elle lisait les leçons de l'office des Matines, le sang coula soudain en telle abondance qu'elle s'apprêta à sortir. « Continuez ! dit la Mère Maîtresse, Dieu vous aidera ! » La novice continua, et Dieu l'aida si bien qu'à l'avenir elle n'eut plus à souffrir de ces hémorragies.

Enfin le terme de sa charge arriva. Désireuse de ne plus vaquer qu'à l'œuvre de sa sanctification elle résolut de renoncer à toute voix active et passive. Sa lettre de demande fut mise au feu, et au Chapitre de l'année 1726 elle fut nommée à l'office de portière.

C'était providentiel. Dieu qui voulait poser sur le chandelier les vertus lumineuses de sa

servante, la mettait à même, par des rapports
forcés et plus fréquents avec le monde, de
les faire resplendir. Il est vrai que la réputa-
tion de sainteté de l'illustre fille du Comte
Martinengo de Barco s'était répandue dans
Brescia, et lui avait attiré l'admiration de
tous. Cependant, il est vrai de le dire aussi,
jamais le monastère des Capucines ne fut
plus fréquenté que depuis le jour où l'on apprit que Marie-Madeleine avait été élue à sa
nouvelle fonction. Tous venaient auprès
d'elle chercher lumière et secours !

Elle parlait si suavement des choses de
Dieu, et son zèle pour le salut des âmes en-
fantait de si beaux prodiges de conversion.

Une dame de la plus haute noblesse accompagnée d'une jeune fille, était venue au
parloir pour lui demander conseil au sujet
d'une affaire de grande importance. Afin de
n'être pas indiscrète et pour ne pas se mêler
à la conversation, la jeune fille s'était retirée
dans un coin, l'âme soucieuse, le front pen-
sif. « J'étais fiancée, dit-elle, j'avais la tête
ailleurs et à autre chose qu'aux discours
spirituels. »

Cependant, quelques mots prononcés avec
plus de véhémence par la Bienheureuse,

l'impressionnèrent profondément. Elle dressa l'oreille, écouta et ne perdit plus une parole du discours embrasé qui jaillissait des lèvres de la servante de Dieu.

Tout à coup, elle fond en larmes et éclate en sanglots. « Qu'avez-vous ?... Approchez ! approchez sans crainte !... » Les larmes et les sanglots redoublèrent. La Bienheureuse la consola.

La jeune fille partit l'âme sereine, avec, au fond du cœur, la résolution bien arrêtée de n'appartenir qu'à Dieu seul. Bouleversée par ce qu'elle avait entendu, ses yeux fascinés par l'éclat des vanités mondaines s'étaient dessillés. Six mois après, elle entrait au monastère des Capucines.

Malgré la tourmente passagère qui sévit, alors qu'elle était Maîtresse des Novices, Marie-Madeleine avait rempli cette charge avec trop de zèle et avec trop de succès pour qu'elle ne lui fût pas de nouveau confiée. Au Chapitre suivant elle revint à la tête du Noviciat.

Enfin, trois ans plus tard, au Chapitre présidé par le cardinal Querini, en dépit de ses protestations et de l'habileté qu'elle mit à rappeler ce qu'on disait jadis : « qu'elle serait la ruine de l'observance régulière » elle fut élue Abbesse à l'unanimité des voix. C'était le 26 juillet 1732.

Quand elle entendit prononcer son nom, son visage devint d'une pâleur extrême et on la vit, les forces lui manquant, s'appuyer à sa stalle. Puis la tête dans les mains, elle pleura de confusion et de douleur. Soudain mue comme par un ressort, elle se lève, va s'agenouiller au milieu du chœur et, la voix entrecoupée de sanglots, supplie en grâce le Cardinal de ne pas ratifier l'élection, et ses sœurs, de reporter leurs suffrages sur une autre plus digne. Vivement émues, les religieuses admirèrent son humilité et refusèrent de revenir sur leur vote. Bien qu'au désespoir elle s'inclina devant la volonté de Dieu [1].

Ce que fut sa supériorité, on l'entrevoit aux qualités brillantes qu'elle avait su déployer dans la direction du Noviciat. Avant tout elle fut mère ; elle en eut le cœur, l'affection vive, tendre, dévouée. Prudente dans l'exercice de son autorité, douée d'un tact

---

[1] C'est l'admirable scène d'humilité que représentait le tableau, exposé à Saint-Pierre de Rome, durant la cérémonie de Béatification.

merveilleux pour instruire, exhorter, reprendre, elle était d'un zèle tout séraphique pour l'observance régulière, et sa vigilance sur la pratique de la sainte pauvreté n'avait de comparable que l'exquise et cordiale aménité qui présidait à ses rapports avec les sœurs. Toujours charitable pour toutes; ses préférences allaient aux religieuses malades, auxquelles elle faisait des visites aussi réconfortantes que multiples. Bref, c'était une Mère Abbesse modèle.

Les sœurs faisaient de son administration le plus éloquent des panégyriques lorsqu'elles disaient : « Son gouvernement est plus divin qu'humain. »

Digne d'éloges par ses qualités administratives, elle brillait avec plus d'éclat aux yeux de ses filles spirituelles par la splendeur de ses vertus.

CHAPITRE VII

Vertus admirables

Tour en travaillant à la perfection des chères âmes dont elle avait la charge, la Bienheureuse Marie-Madeleine ne négligeait pas sa sanctification personnelle.

Au témoignage de la Sainte-Écriture la base indispensable de ce palais c'est la foi.

La foi! Qu'elle était profonde, énergique, ardente, dans son esprit et dans son cœur! Avec quelle simplicité touchante, avec quelle générosité invincible elle reluisait dans sa vie!

Le mystère de la Sainte Trinité la captivait. Elle en parlait avec une admiration qui tenait de l'extase. Elle en a écrit des choses ravissantes. Âme mystique par excellence, elle savait retirer de ce mystère, grand entre tous, les enseignements les plus ingénieux et les plus pratiques. Pour cela, elle méditait l'office de la fête de la Très Sainte Trinité.

L'exclamation : *O Beata Trinitas !* qui s'y trouve fréquemment répétée, l'enthousiasmait.

« La lettre O, en arithmétique, signifie zéro ; mais dans la sainte Ecriture elle résume les plus grands mystères. *O Beata Trinitas !* O Bienheureuse Trinité ! s'écrie la sainte Eglise étonnée et toute recueillie en une extase d'adoration. O grandeur incomparable ! ô ineffable mystère ! ô Trinité suprême de vous seule connue et incompréhensible à toute créature, que vous êtes sublime ! Dans cette lettre *O* sont résumés le *tout* et le *néant :* mon néant et le *Tout* de Dieu. »

Et après s'être abîmée dans l'adoration, elle descendait toujours plus bas dans les profondeurs de son néant.

Le mystère de l'Incarnation qui révèle de façon si persuasive l'immense amour de Dieu, la mettait hors d'elle-même. En y pensant, « o Dieu, s'écriait-elle, quelle merveille ! O Dieu, quel prodige ! Un Dieu enfant !... un enfant Dieu !... Oh ! quelle humilité ! »

Nous avons dit le zèle opiniâtre qu'elle mettait à se crucifier, et combien rigoureusement, dans la mesure de sa générosité elle reproduisait dans sa chair la Passion de Jésus-Christ. Ce que nous n'avons pas dit encore, c'est que, si elle se livrait à des pénitences terribles et, à force de disciplines, versait des flots de sang, c'était non seulement pour s'unir aux souffrances du Sauveur, mais encore pour dilater l'efficacité de la Rédemption sur les pécheurs et sur les infidèles.

Mue par ce sentiment, le soir, quand elle prenait le crucifix et bénissait les religieuses, elle étendait sa bénédiction au monde entier.

Ce qu'elle aimait le plus en Jésus-Christ, c'était son précieux sang et sa croix. Ce qu'elle chérissait et vénérait davantage en Marie, c'était ses larmes et ses maternelles douleurs. En leur honneur, tous les jours, elle récitait un rosaire les bras en croix. Lorsque — ce qui n'était pas rare — le souvenir des souffrances de l'auguste Vierge l'impressionnait plus vivement, elle s'armait de la discipline et mettait son corps en lambeaux.

Que dire des transports de sa foi en l'adorable mystère de nos autels ?

Elle faisait des stations interminables devant le saint Tabernacle, à genoux, immobile, les yeux ruisselants de larmes ou, plus souvent, égarés vers le ciel, dans le ravissement et l'extase. Les heures s'écoulaient rapides ; les nuits passaient comme des heures. Que de fois elle vit de ses yeux de chair l'hostie divine environnée de lumière, brillante de l'éclat du soleil.

Un jour, au moment où le prêtre allait descendre de l'autel pour distribuer la communion, la sainte Hostie s'échappa de sa main et vola sur les lèvres de la Bienheureuse, à la grande stupeur du célébrant et des religieuses.

Mais aussi, qu'elle était brûlante sa foi !

Une novice, subitement prise d'indisposition après avoir communié, sortit du chœur et rendit son dîner de la veille. La Bienheureuse qui l'avait suivie, distinguant quelques parcelles au milieu de ces matières nauséabondes n'hésita pas. A genoux, elle les recueillit et les consomma aussitôt. O foi admirable des saints !

Le seul mot de communion suffisait à la jeter en extase.

Une comtesse très pieuse, nommée Marguerite, était venue la voir :

— Comtesse Marguerite, avez-vous communié ce matin ?

— Oui.

La Bienheureuse resta en silence. Au bout d'un moment :

— Allez !

Ce fut tout.

Son espérance était au niveau de sa foi.

A cause d'elle, Marie-Madeleine avait renoncé au monde, à la fortune, aux honneurs afin d'être pauvre, de vivre avec le Christ, d'avoir meilleur droit à sa grâce et à la possession de son éternelle gloire. Elle disait :

« O espérance du ciel qui obtiens en proportion que tu espères, en toi seule j'espèrerai toujours ! »

Elle avait coutume de dire : « Le Seigneur ne refuse rien à qui sait mettre en lui son espérance. »

A cause de certains démêlés avec sa famille, une novice était très abattue et découragée. La Bienheureuse l'exhorta à avoir confiance en Dieu : « Je veux que vous vous posiez en médiatrice entre vous et vos parents, et qu'avec une ferme espérance d'obtenir la paix vous disiez franchement : « Seigneur, je « vous demande cette grâce, je la veux. » La novice hésitant : « *Dite lo ! dite lo !* » s'écria la Bienheureuse. La novice obéit et fut exaucée.

Avec ces élans de confiance, pouvait-elle craindre la mort?

Elle l'appelait de toute l'ardeur de ses vœux. « Oh ! que je désire mourir ! *Quando veniam ! quando veniam !* redisait-elle avec le prophète [1]. Seigneur, quand viendrai-je en votre présence? » Et dans l'allégresse de sa délivrance prochaine, enthousiasmée par les beautés du ciel entrevues dans ses extases, elle allait, chantant avec le séraphin d'Assise [2] :

> *Tanto è il bene che mi aspetto,*
> *Che ogni pena m'è diletto.*

Quelle foi ! Quelle espérance !

Et quelle charité !

Toujours unie à Dieu par le cœur, toujours abîmée dans son néant aux pieds de sa Majesté adorable, elle faisait six, sept, huit heu-

---

(1) Et en latin : la Bienheureuse ayant fait de sérieuses études, possédait parfaitement cette langue.

> Le bien que j'attends est si grand,
> Que toute peine m'est délice.

res consécutives de méditation. A ce feu, elle s'embrasait d'amour. Ce n'était plus qu'une flamme.

Alors, comme les Thérèse, les Madeleine de Pazzi et tant d'autres illustres amantes de Jésus, elle courait dans les cloîtres et les allées du jardin, les yeux mouillés de pleurs, haletante, criant : « O amour ! ô amour ! » Alors il fallait jeter de l'eau glacée sur sa poitrine dilatée par la chaleur qui dévorait son cœur, et on l'entendait dire : « Mon Dieu, je n'en puis plus !... Je n'en puis plus, mon Dieu ! »

Ineffables allégresses, joyeuses suavités ! Que sont auprès d'elles les plus rassasiants plaisirs d'ici-bas ?

Dans une belle paraphrase de ce texte évangélique : « Heureux ceux qui entendent la parole de Dieu et la gardent [1] », après avoir énuméré les diverses manières de l'entendre et de la garder, la Bienheureuse donne la préférence au colloque intérieur de l'âme

---

[1] Indépendamment de son autobiographie, on doit à la Bienheureuse un certain nombre de pieux écrits sur la vie mystique. On lui doit aussi un recueil de poésies religieuses qui ne manquent ni d'inspiration ni d'élégance. L'amour de Dieu, le zèle de la souffrance en sont le thème habituel.

avec Dieu, en décrit les charmes et les variétés et ajoute :

« Cette parole intérieure que l'âme entend dans son colloque intime avec Dieu me ravit par-dessus tout. Oh ! que de fois, détachée de toutes les créatures visibles, je dis : « J'écou-« terai ce que mon Seigneur et mon Dieu dit en moi. » Je l'entends, cette parole. Dieu parle au fond de l'âme, et sa parole opère, mais opère divinement.

« S'il dit : « Chère fille, aime-moi », sa parole opère, et aussitôt l'âme se sent dévorée par un incendie délicieux.

« S'il lui dit : « Chère fille, regarde-moi », sa parole opère, et l'âme est ravie dans une sphère qui surpasse tout sens humain et où elle trouve l'avant-goût du paradis. Mais avec quelle douceur ! avec quelle suavité ! Il est impossible de l'exprimer.

« S'il lui dit : « Chère fille, repose-toi en moi », ô mon Dieu ! s'écrie alors l'âme, vous, Bien souverain ; vous, éternel repos des saints, vous invitez un misérable ver de terre à se reposer en vous !

« Elle voudrait en dire davantage, mais ce Verbe « par lequel toutes choses ont été créées » ne lui en donne pas le temps. Il opère soudain, et fait que cette âme, oublieuse d'elle-même, s'endort délicieusement sur son sein.

« Alors elle peut chanter :

« Or sus, je ne sais si mon cœur est vivant ou mort.
« Mais je sais bien qu'il est absorbé dans une délicieuse
[paix.

. . . .

« O hommes ! je vous invite à aimer avec moi.
« Que Jésus soit le centre de notre feu.
 « Aimer avec un seul cœur,
 « Un amour infini,
 « C'est peu ! c'est peu !

« Mais, que dis-je ? chanter ! Si l'âme se trouve tellement perdue en Dieu qu'elle s'oublie elle-même, elle dort et repose ; elle aime, mais elle ne se meut pas ; elle regarde, mais avec les yeux fermés ; elle vit, mais d'une vie céleste, presque divine. « Non, ce « n'est plus moi qui vis, c'est Jésus-Christ « qui vit en moi ! »

La Bienheureuse ne s'est point nommée ; toutefois le lecteur comprendra sans peine que c'est d'elle qu'elle parle et que ce sont les allégresses de son âme que sa plume décrit.

L'amour divin qui était sa joie était aussi la

force qui la rendait si intrépide dans les œuvres de pénitence.

« L'amour me donne force et vigueur ; il me fait courir, voler vers la perfection... Comment pourrais-je crucifier si généreusement ma chair et vivre dans une parfaite observance de la Règle, si l'amour ne me fortifiait ? L'amour ! l'amour ! c'est lui qui perfectionne toute chose ! »

L'amour de Dieu ne va pas sans l'amour du prochain.

Pour les pauvres, elle se privait du pain nécessaire. Quand elle était portière, sa grande joie était de leur faire l'aumône et de les consoler de leur indigence en leur suggérant quelque pensée de foi. Sa compassion pour les religieuses infirmes allait jusqu'à demander à Dieu de prendre sur elle leurs souffrances.

Sœur Marie-Céleste avait au genou une plaie horrible. La Bienheureuse la soigna longtemps avec une tendresse de mère. Un jour, la plaie disparut subitement ; mais le genou de Sœur Marie-Madeleine était saisi par le même mal. Dieu avait exaucé sa prière.

Le même prodige se renouvela en faveur d'une autre religieuse gravement malade des yeux.

Si grande que fût sa charité pour les corps, elle l'était bien davantage pour les âmes. En vue de leur salut elle multipliait ses pénitences et ses oraisons.

Dans une vision, Jésus-Christ lui montra une foule d'égarés qui, les yeux bandés, couraient à l'abîme. Ce spectacle la navra. « Oh ! disait-elle, je me ferais couper en mille morceaux pour les sauver... »

Dieu avait pour si agréable la charité de sa servante, qu'il lui accordait les conversions qu'elle sollicitait.

Un chevalier de vie scandaleuse sur le point de mourir, refusait malgré les plus vives instances de s'amender. On prévint la Bienheureuse, qui multiplia larmes, prières, disciplines, et obtint enfin le salut de l'égaré.

Elle trouvait dans son zèle pour la conversion des pécheurs une éloquence à laquelle même les plus endurcis ne résistaient pas.

Deux chevaliers de sa famille menaient mauvaise vie, au grand scandale de toute la cité. Ils vinrent la voir. « Frères, leur dit-elle, les larmes que je verse pour vous sont si abondantes, que si on les rassemblait elles suffiraient pour me noyer. » Ces paroles prononcées avec une sainte tristesse, bouleversèrent si profondément les coupables qu'ils allèrent se confesser aussitôt.

Le fait suivant prouve et le zèle de la Bienheureuse pour le salut des âmes et la promptitude avec laquelle Dieu exauçait ses désirs.

C'était en 1737, dernière année de la vie de Sœur Madeleine. A l'occasion du carnaval un cirque était venu s'installer à Brescia. Le directeur de ce cirque eut beau annoncer à son de trompe que le bénéfice des représentations serait distribué aux pauvres, la Bienheureuse n'en trembla pas moins pour les âmes que ces représentations pouvaient mettre en péril.

Un saint religieux étant venu converser avec elle : « Père, dites clairement aux organisateurs de ces mondanités que s'ils ne se désistent pas d'un tel projet, la pesante main de Dieu se fera sentir et donnera un grand exemple. »

L'avertissement fut donné. On passa outre. Au jour fixé la foule envahit le cirque. La Bienheureuse se prosterna au pied de l'autel. Elle pria avec larmes pour que le scandale n'eût pas lieu. Une voix mystérieuse répondit : « La grâce est accordée. »

Au même moment, le directeur du cirque

tombait, foudroyé par une attaque d'apo-
plexie. Epouvantée, la foule se dispersa, tandis qu'un prêtre mandé en toute hâte admi-
nistrait les derniers sacrements au moribond.
Il y eut force lamentations, mais pas de spectacle, ni par conséquent de scandale, selon
que la Bienheureuse l'avait désiré pour le
bien des âmes.

CHAPITRE VIII

Dons surnaturels

L'EXALTATION suit de près l'abaissement et il sera toujours vrai de dire que l'humilité des saints est l'unique secret de la gloire dont, même ici bas, Dieu se plaît à les couronner.

En retour des humiliations de la Bienheureuse, le Seigneur l'enrichit de ses dons surnaturels, et tout d'abord du privilège de pénétrer les sentiments les plus cachés des cœurs.

Une religieuse toute anxieuse et troublée n'avait pas le courage de manifester le motif des peines qui la tourmentaient. Pendant l'oraison la Bienheureuse la prend à part, et, sans préambule, lui raconte jusque dans leurs plus minimes détails les épreuves intérieures dont elle souffrait. Après quoi elle la console avec tendresse et la renvoie l'âme complètement rassérénée.

Cette pénétration des cœurs était parfois accompagnée d'une vive lumière qui l'éclairait sur les besoins plus pressants des séculiers venus au parloir pour converser avec elle.

Tandis qu'elle s'entretenait avec le seigneur Luigi Fenaroli, au beau milieu de la conversation, s'interrompant tout à coup elle dit : « Le seigneur Luigi fera bien de réaliser sa vocation *subito, subito !* » Stupéfait, le noble interlocuteur qui depuis quelque temps nourrissait en secret des projets de vie religieuse, entra aussitôt à l'oratoire de Saint-Philippe, s'illustra au service de Dieu et mourut en odeur de sainteté.

Elle pénétrait les mystères de l'avenir de façon aussi précise que les secrets des cœurs.

Paul Rossi, médecin, avait une tumeur au fond de la gorge. Ses confrères après lui avoir prodigué les soins les plus actifs furent contraints d'avouer, vu les progrès persistants du mal, que l'état du malade était désespéré. A bout de ressources on alla le recommander aux prières de la Bienheureuse. « Demain matin le docteur sera guéri. » C'était le soir. La servante de Dieu passa la nuit en oraison. Au premier son de la cloche annonçant minuit et l'office des matines, la tumeur du malade creva. A l'aube Paul Rossi se levait guéri. La Bienheureuse qui avait prédit son retour à la santé l'avait accéléré par un miracle.

De deux novices grandement amies mais également découragées, l'une avait perdu la voix, l'autre acquis la certitude qu'elle avait une maladie héréditaire. En conséquence elles étaient bien décidées à sortir du noviciat pour rentrer dans le siècle. La Bienheureuse les fit venir dans sa cellule : « Non, vous ne partirez pas. Rassurez-vous ! vous ne serez jamais plus troublées. » Et il en fut ainsi.

Le docteur Guadagni médecin du monastère, n'était pas toujours heureux dans ses diagnostics.

La servante de Dieu lui présenta un jour deux novices dont l'une de santé plutôt chétive, et l'autre sérieusement malade. Après avoir questionné et examiné la première, le médecin déclara que jamais sa santé ne lui permettrait de supporter les austérités de la règle. « Elle les supportera fort bien! » dit la Bienheureuse. Le docteur examina la novice malade : « Soyez tranquille, elle est hors de danger. »

— « Non, répliqua la Bienheureuse, elle mourra bientôt. »

Le docteur n'avait pas le diagnostic spécial de la sœur Marie-Madeleine. Il dut s'en convaincre lorsqu'il apprit quelques jours après la mort de la novice malade, et l'état florissant de santé de celle qu'il déclarait absolument inapte à la vie religieuse.

Ce bon docteur fut plus malheureux encore pour n'avoir pas voulu suivre les conseils de la Bienheureuse. Il était venu recommander à ses prières un de ses fils gravement malade. En partant : « Je vais lui faire une saignée », dit-il.

— « Non ! pas de saignée, ou bien il mourra ! »

Le docteur passa outre. A son grand désespoir l'enfant mourut, selon la prédiction de la servante de Dieu.

Dans une autre circonstance son esprit prophétique se révéla avec plus d'éclat.

Le Comte Vespasien Luzzago homme de grande piété vint la consulter pour une affaire très grave. Après avoir répondu à ses questions et indiqué la solution qui lui paraissait la plus avantageuse la Bienheureuse l'encouragea vivement à l'union à Dieu et au zèle pour sa gloire : « Parce que, dit-elle, vous aurez besoin de son assistance spéciale, non seulement pour élever vos enfants mais aussi vos neveux. »

Le Comte n'était pas marié, Tite son unique frère non plus. Tous les deux étaient également antipathiques à la vie du mariage. Luzzago répondit par un sourire d'incrédulité. « Seigneur Comte ne riez pas ; il en sera comme j'ai dit. »

Et en effet, un an plus tard, vaincus par les instances pressantes de leur famille, les deux frères se marièrent. Tite mourut le premier, jeune encore. Le Comte eut à sa charge ses propres enfants et ses neveux. La prophétie de la Bienheureuse s'était réalisée.

Ce n'étaient pas les seules grâces que Jésus-Christ lui accordait. Nous avons dit combien fréquemment il la ravissait en extase ou se manifestait à elle en de célestes apparitions. Avec le temps ces faveurs, exceptionnelles pour d'autres saints, lui devinrent, si je peux parler ainsi, habituelles.

L'union de son âme avec Dieu était telle, l'amour qui l'incendiait était si dévorant, que pendant l'oraison ou la psalmodie de l'office ne pouvant en supporter les délices et les élancements elle était forcée de sortir du chœur.

Et puis, la flamme intérieure se trahissait sur son visage en vives rougeurs, et elle était si jalouse de tenir cachés les secrets du grand roi !

Elle avait beau s'efforcer de les cacher, Dieu les révélait de façon sensible et publiquement. Au chœur, plus d'une fois on la vit le front entouré d'une auréole de lumière. Souvent aussi, les religieuses aperçurent des rayons lumineux émaner de sa personne, comme d'un soleil vivant : entr'autres le jour de la fête de sainte Claire, dans la salle du Noviciat. « On eut dit un ange ! » racontaient les novices émerveillées.

Heureusement pour nous, un précepte d'obéissance lui imposa l'obligation d'écrire son autobiographie et de révéler les événements surnaturels que ses compagnes ne purent constater ou surprendre [1].

Nous savons ainsi qu'à deux reprises l'Enfant Jésus et Marie sa mère lui apparurent

---

[1] Nous les avons racontés au cours de cette biographie, selon que l'enchaînement des faits nous paraissait l'exiger.

pour la réjouir de leur présence et la consoler en un colloque mystérieux qui dura l'espace de quatre heures.

Marie-Madeleine avait besoin de ces consolations divines qui la soutenaient dans ses pénitences et tempéraient surtout l'ardeur de ses désirs du ciel.

CHAPITRE IX

Bienheureuse Mort

LE jour où Sœur Marie-Madeleine devait s'envoler aux joyeuses noces de l'éternité n'était éloigné que de trois ans. Pour son âme aimante, si désireuse de briser les chaînes de la captivité, ce fut une durée de trois siècles.

Qui comprendra les impatiences de l'amour dans le cœur des saints ! Qui dira l'ardeur des désirs qui les martyrise ; combien ils souffrent de ne pouvoir mourir pour aller au ciel reposer délicieusement leur tête languissante sur le Cœur adorable et tant aimé de leur Dieu !

« Seigneur, Seigneur ! disait-elle avec le roi David. Hélas ! que mon exil est long !... Quand donc paraîtrai-je en votre présence !... quand donc me désaltèrerez-vous au torrent de vos délices éternelles !... »

Et avec saint Bernard elle chantait : [1]

> Cent, mille fois je vous désire
> Quand viendrez-vous, ô Jésus mon sauveur,
> Réjouir mon âme en délire
> Et de vous seul rassasier mon cœur ?

Hélas ! le ciel ne s'ouvrait que pour faire pleuvoir sur elle, plus abondante que jamais, la sanglante rosée des épreuves. Jésus-Christ étant mort sur le calvaire, Marie-Madeleine pouvait-elle mourir sur le Thabor ? Non. Car le serviteur n'est pas meilleur que son Maître, et le Maître qui reconnaissait ses traits dans la vie de sa servante voulait achever la ressemblance en lui donnant de mourir comme lui sur la croix.

Pendant trois ans donc, aux tourments que la Bienheureuse éprouvait du côté de ses désirs inassouvis, aux austérités qu'elle pratiquait de façon si effrayante, Dieu ajouta de plus pénibles tribulations. Tout d'abord elle fut saisie par une fièvre brûlante, puis par un mal de gorge très vif. Ensuite ce

---

[1] Desidero te millies !   Me lœtum quando facies,
   Mi Jesu quando venies,   Me de te quando saties ?
Saint Bernard : Hymne de l'office du T. S. Nom de Jésus.

furent des maux de cœur suivis plusieurs
fois le jour d'évanouissements qui duraient
des heures. Enfin ses jambes enflèrent de
telle sorte que, malgré son énergie d'âme,
elle ne pouvait marcher qu'au prix des plus
grandes difficultés.

Sa patience fut aussi admirable qu'invincible. Jamais de récrimination, jamais de
plaintes, mêmes légères! La violence de ses
maux ne lui arrachait que des soupirs d'amour.

Quelle intrépidité elle mettait à surmonter
les assauts de la douleur et à vaincre, à force
de se raidir contre elle-même, les résistances
de sa nature aux abois! C'était à tel point que
son visage, disent ses compagnes, « devenait
rouge comme un charbon embrasé. »

A celles, plus compatissantes, qui la plai-
gnaient de la voir tant souffrir elle disait :
« Les peines et les infirmités sont des grâces
particulières que Dieu m'accorde !... »

Mais toujours défiante d'elle-même, dans
la crainte de faiblir elle ajoutait : « mes chères
Sœurs priez pour le salut de mon âme. Priez
pour que Dieu m'accorde patience, résigna-
tion, pleine et entière conformité à son divin
vouloir. »

Plus la chair succombait plus l'esprit devenait fort et plus la vertu de la Bienheureuse éblouissait ses compagnes. Elles ne se lassaient pas de l'admirer.

. La vertu qui brilla, plus lumineuse au déclin de sa vie, c'est l'humilité à laquelle elle encourageait si fort les novices. Elle disait : « O sainte et sacrosainte humilité ! tu es le tabernacle véritable et vivant de la Divinité ! tu es le reposoir, le ciel de la très sainte Trinité !... Oh ! heureuse et mille fois heureuse l'âme qui te possède et que tu embellis. Elle est le véritable paradis de Dieu sur la terre ! »

Le Jeudi-Saint de l'année 1737 — la dernière de sa vie — sachant par révélation qu'elle ne verrait pas le retour des solennités pascales, la Bienheureuse voulut les célébrer avec plus de dévotion et de piété. Elle quitta donc l'infirmerie et à grand'peine descendit au chœur pour procéder à la cérémonie du lavement des pieds. Ses fonctions d'Abbesse lui accordaient ce pieux privilège. Malgré la faiblesse, dans sa passion d'humilité elle trouva assez d'énergie pour reproduire devant ses sœurs l'acte d'admirable abaissement du Fils de Dieu aux pieds de ses apôtres.

Tout à coup dans un irrésistible élan d'humilité elle se prosterna au milieu du chœur et d'une voix qui trahissait l'émotion de son âme, fit aux religieuses une exhortation pathétique. La conviction de son indignité et de son néant, le désir, visible sur ses traits, de se pénétrer de l'humilité de Jésus Christ l'embrasèrent d'un tel feu, ils lui mirent aux lèvres des paroles d'une telle éloquence que des flots de larmes coulèrent de tous les yeux.

L'effort avait été trop pénible et son enveloppe de chair était trop affaiblie par les rigueurs de la pénitence pour résister à de tels élancements d'amour. La Bienheureuse s'évanouit. Les Sœurs la portèrent à l'infirmerie, inanimée.

Dieu lui ayant fait connaître le jour de sa mort, afin de se préparer plus librement au redoutable passage elle céda son autorité d'Abbesse à la Mère Vicaire. Dès lors, les évanouissements auxquels depuis quelques mois elle était sujette, se multiplièrent. Ils se prolongèrent aussi. Bientôt son état de santé ne laissa plus d'espoir. Le médecin ayant été témoin d'un de ses évanouissements, ordonna aussitôt après de lui administrer les derniers sacrements. « Non, répondit la Bienheureuse, car je ne suis pas à jeun ! » — « Mais le docteur le vent, répliqua la Sœur infirmière, et le confesseur l'exige ! » Elle obéit. « Cependant dit-elle, je sais bien que l'heure n'est pas encore venue. »

Désormais ses lèvres closes ne s'ouvrirent que pour soupirer en d'ineffables murmures les paroles du Roi prophète qu'elle aimait tant à redire : « *Seigneur ! Seigneur !... quando veniam ! quando veniam !* Quand viendrai-je en votre présence !... »

Elle tenait le crucifix en main, l'innocente épouse de Jésus crucifié ! Avec quel amour elle le collait à ses lèvres ! avec quels transports de ferveur elle le serrait sur sa poitrine !...

Ses yeux ne perdaient pas de vue l'image de saint Louis de Gonzague dont le sang coulait dans ses veines ! Egalement nobles, pures, pénitentes, quels mystérieux colloques tenaient-elles, ces deux âmes dont l'une glorifiée, des rebords du paradis saluait l'autre, sa sœur, sur le point de terminer son pèlerinage terrestre ?...

Ce que nous savons, c'est que ce fut pour notre Bienheureuse grande liesse et plaisir bien doux, lorsque les progrès du mal déterminèrent le médecin à lui dire : « Ma Mère, la mort va venir !... »

Entendit-elle la voix des Anges chanter les paroles de l'office des Vierges : « Viens, viens épouse du Christ !... Viens recevoir la couronne que le Seigneur t'a préparée pour toujours ?... »

Soudain, les yeux et les bras au ciel : « Oh ! mes Mères ! s'écria-t-elle, oh mes Mères !... Enfin je vais mourir !... »

« Enfin je vais mourir !... » Quelle parole !... Enfin gémissante colombe, mon âme ne languira plus dans les tristesses de l'exil... Enfin je sortirai des ténébreuses et arides vallées de ce monde... Enfin j'irai m'abreuver aux torrents de vos délices, ô mon Dieu ! et participer aux glorieuses transfigurations de votre ciel !...

C'est alors qu'elle reçut la grâce si instamment sollicitée depuis ses débuts dans la vie religieuse.

« Si vous ne devenez comme de petits enfants, vous n'entrerez pas dans le royaume des cieux ! »[1] Elle avait dit et redit à satiété ces paroles évangéliques ; elle en avait demandé la réalisation dans sa personne. Elle l'obtint.

______

[1] Évangile selon saint Mathieu, ch. XVIII, v. 3.

Tout à coup son front s'embellit des charmes de l'âge tendre. Ses yeux brillèrent d'un regard plus limpide et plus doux. Sur ses lèvres s'épanouit un aimable sourire. Il y eut sur son visage un tel cachet de simplicité, je ne sais quelle expression de naïveté ravissante dans les gestes de ses mains, dans le son de sa voix, dans le choix de ses paroles, qu'on l'eût prise pour une petite enfant.

Ce n'était ni faiblesse ni délire, car avec une parfaite lucidité d'esprit, avec un à-propos merveilleux de justesse elle répondait aux questions qu'on lui posait concernant le monastère.

C'était le privilège insigne, unique peut-être dans les fastes des saints, par lequel Dieu rendait hommage à l'humilité de sa servante. Son âme n'était-elle pas demeurée toujours simple, candide, transparente comme les fraîches et tranquilles eaux des lacs ? Avant d'entrer dans les splendeurs des cieux, selon l'oracle de l'Evangile, elle était devenue semblable aux petits enfants.

De nouveau elle reçut le saint Viatique.

Dès lors elle ne parla plus que par son regard virginal. Son visage un instant assombri par l'apparition de l'ennemi infernal s'illumina d'un reflet céleste.

Toutes les religieuses étaient là, émues, fondant en larmes autour de la couche où leur Mère agonisait.

Le confesseur lui dit : « Ma Mère, désirez-vous aller au Paradis ? » Les yeux de la Bienheureuse s'ouvrirent et le sourire des prédestinés effleura ses lèvres : « Oh ! oui !... » répondit-elle.

Ce fut sa dernière parole.

De la main droite saisissant l'étole du prêtre, les yeux au ciel, sans effort, elle rendit son âme à Dieu.

Les Anges lui firent escorte, et quand elle franchit les portes d'or de la cité éternelle, avec amour Jésus tendit les mains vers son épouse crucifiée, tandis que les milices célestes chantaient sous les voûtes infinies : « Viens, ô épouse du Christ ! Viens et reçois la couronne que le Seigneur t'a préparée pour l'éternité... »

C'était le 27 juillet 1737. Sœur Marie-Madeleine avait quarante-neuf ans, dont trente-deux passés dans l'austère religion des Mères Capucines.

CHAPITRE X

Glorification

L A sainte est morte ! La sainte est est morte ! »

Tel est le cri qui monta de toutes les lèvres lorsque le bruit de la mort de la servante de Dieu se répandit dans Brescia. Une foule énorme envahit le monastère. Il fallut un fort cordon de troupes pour la contenir et empêcher tout désordre.

Alors apparurent dans leur sainte cruauté les ravages que la discipline, les cilices et autres instruments de pénitence avaient multipliés sur la chair de la douce Vierge.

Munis de l'autorisation nécessaire les docteurs Roncalli et Guadagni procédèrent à l'autopsie du précieux corps. Tout d'abord ils examinèrent le chef. Ils trouvèrent sous la peau, tout autour de la tête et en forme de couronne, trente aiguilles dont quelques-unes plus longues, avaient la pointe recourbée. C'était plus qu'une couronne d'épines. Ils se demandèrent avec admiration comment la défunte avait pu endurer un tel martyre sans mourir de douleur.

Ils n'étaient pas au bout de leur étonnement. Poursuivant leur examen ils trouvèrent quantité d'autres aiguilles aux bras, aux jambes, notamment autour des reins où elles étaient enfoncées par petits faisceaux [1]. Dans leur procès-verbal, ils attestèrent qu'humainement dans l'état où sœur Marie-Madeleine s'était réduite par ces rigueurs inouïes, il lui était impossible de vivre sans une intervention miraculeuse de Dieu.

Cependant, la foule impatientée réclamait à cor et à cri la satisfaction, bien légitime,

---

[1] Ces aiguilles, ainsi que les nombreuses pointes des cilices qu'avaient porté sœur Marie-Madeleine et qui lui étaient restées dans la chair, furent soigneusement extraites et remises aux Religieuses qui les distribuèrent aux notabilités de Brescia. La reine d'Espagne Elisabeth Farnèse et la reine de Pologne, femme d'Auguste III, tinrent à honneur de posséder une de ces reliques précieuses.

de vénérer les restes mortels de la servante
de Dieu.

Les religieuses exposèrent donc leur Bienheureuse Sœur sur un lit de parade, derrière
la grille du chœur, et la foule put satisfaire
sa dévotion. Elle se traduisit en transports
qui tenaient du délire.

Non contents de faire toucher, médailles,
chapelets, objets bénits, aux précieuses dé-
pouilles de Sœur Marie-Madeleine, ses trop
enthousiastes admirateurs, exigèrent qu'on
renouvelât sa robe de bure et que celle, si
pauvre qu'elle avait portée, fut coupée en
bandelettes pour leur être distribuée. Les
religieuses durent céder. Elles ne le regret-
tèrent pas. Aussitôt Dieu les consola de
l'amertume de leur deuil en révélant la gloire
de leur Bienheureuse compagne.

Poussé par la confiance un jeune homme
qui depuis longtemps souffrait d'une doulou-
reuse ophtalmie, appliqua sur ses yeux la
bandelette qu'il avait reçue. Guéri instanta-
nément, d'une voix forte qui remplit l'église
et fit tressaillir la foule, il s'écria : « Grâce !
grâce !... La Sainte m'a guéri. Miracle !
Miracle! »

C'était le lendemain du décès. Un nouveau

prodige non moins éclatant eut lieu. Sœur Marie-Madeleine avait une plaie à la jambe. Après la mort cette plaie se rouvrit et le sang coula en abondance. On voulut l'examiner. O prodige ! elle avait pris la forme d'une rose fraîche et vermeille.

Durant la vie la Bienheureuse avait versé son sang par les austérités de la pénitence. Après sa mort, Dieu donnait la preuve des roses éternellement fraîches et vermeilles dont il l'avait couronnée.

Ces miracles accrurent l'enthousiasme déjà si grand de la foule et donnèrent à la cérémonie des funérailles le joyeux aspect d'un triomphe.

Souple, sans odeur, frais comme s'il eut été vivant malgré les chaleurs caniculaires du mois de juillet, le saint corps fut inhumé, en vertu d'un privilège qui dérogeait aux traditions du monastère, à proximité du chœur, non loin de la place que Marie-Madeleine occupait pendant le chant des offices sacrés, et où trente-deux ans durant, elle avait donné à Dieu, à ses anges, à ses compagnes, le touchant spectacle de son amour de Séraphin.

C'est là qu'elle attendit les honneurs de la Béatification solennelle : et c'est dans la

pauvre chapelle du monastère que les foules
émues et confiantes, vinrent de toutes les
contrées de l'Italie solliciter ses puissantes
intercessions sur le cœur de Dieu.

Les années s'écoulèrent. Dans leur course
rapide elles n'emportèrent rien du prestige de
l'illustre vierge de Brescia. Elles n'amoin-
drirent pas non plus dans l'esprit et dans le
cœur des fidèles, l'admiration qu'avait fait
naître la splendeur de ses vertus.

Sa mémoire resta en bénédiction.

Les miracles continuèrent de fleurir sur sa
tombe, gages précieux de l'immortalité de sa
gloire.

Perles précieuses des vertus héroïques,
fleurs odorantes des miracles éclatants! Le
Souverain Pontife Léon XIII les tressa en
forme de couronne, et naguère, [1] aux ap-
plaudissements de l'univers chrétien, en
décora le front de Marie-Madeleine Martinengo de Barco.

La glorification était complète. L'humble,
pauvre, pénitente, mais si aimante, si pure, si
héroïque épouse de Jésus, recevait les honneurs des autels.

----

[1] Le 3 juin, 1900, Fête de la Pentecôte.

Comme Marie l'auguste Mère de Dieu qu'elle imita si bien dans la pureté et dans l'amour : comme Madeleine à qui le Maître promit des louanges éternelles et dont, quoique innocente, elle reproduisit si bien la pénitence, désormais les nations de la terre l'appelleront *Bienheureuse!* « *Beatam me dicent omnes generationes!...* »

EPILOGUE

Du haut du ciel, ô Bienheureuse, jetez sur ce siècle qui expire les regards de votre compatissance, et sur le siècle qui va s'ouvrir les bienfaits de votre prière.

N'est-ce point pour que votre compatissance s'émeuve au spectacle des ruines et des expiations immenses qu'amoncela le siècle mourant? n'est-ce point pour que votre prière monte plus éloquente et plus chaude aux pieds de la Majesté divine en faveur du siècle qui va naître, qu'en cette année jubilaire, au point de jonction de deux âges, le Vicaire du Christ vous a glorifiée?

Et n'est-ce pas aussi pour nous encourager à recourir à vous que, tout le premier, au nom de l'Eglise entière, le Pasteur des fidèles vous a dit : « Bienheureuse Marie-Madeleine priez pour nous! »

Priez donc pour nous! sauvez-nous, ô Bienheureuse!

Aux ennemis de la sainte Eglise, esprits aveuglés par la haine, cœurs égarés par les passions sectaires, à tous ceux — ils sont légion — qui ont juré la ruine de la foi, du sacerdoce, de la vie religieuse, obtenez les lumières qui désilleront leurs yeux, les loyautés qui étoufferont leurs hypocrisies, les généreux sentiments qui, en provoquant leur retour à l'Epouse du Christ mettront fin à leurs guerres aussi injustes que sataniques. Vous le pouvez! La pénitence et l'amour ne triomphent-ils pas du cœur de Dieu, et pour être glorifiée n'en demeurez vous pas l'incomparable héroïne!...

Aux incrédules et aux sceptiques, à la foule des libres penseurs et des libres faiseurs, ô Bienheureuse! rendez les nobles convictions de la foi.

Aux pusillanimes et aux lâches, aux trembleurs qu'épouvante le sourire de l'impiété, à la foule de ces chrétiens raccourcis qui n'ont plus de sang dans les veines, ô Bienheureuse! rendez les pratiques religieuses, donnez la vigueur des athlètes. Que par vous, cœur joyeux, tête haute, toujours, partout, ils combattent les bons combats du Christ Jésus!

Aux meurtris de la vie, à ceux qui passent sur des chemins jonchés d'épines, à ceux qui souffrent et ne savent pas souffrir ; à ceux qui murmurent, blasphèment, désespèrent, ô Bienheureuse! inspirez le souffle de votre magnanime espérance!

Aux égoïstes et aux cœurs de glace, à ceux que le malheur, la souffrance, le deuil trouvent indifférents, ô Bienheureuse! inspirez votre abnégation et votre dévouement. Que par vous ils comprennent et les beautés du sacrifice et les impérieuses prescriptions de la charité.

Aux efféminés et aux lâches, aux délicats et aux blasés, à ceux qui dorment mollement étendus sur le lit de fange où le sensualisme les a couchés, ô Bienheureuse! rappelez qu'on ne va pas au ciel en carrosse, mais par la voie sanglante du Calvaire.

Aux généreux et aux vaillants — car parmi les modernes idôlatres il s'en trouve qui n'ont pas fléchi le genou devant Baal — aux âmes de bonne volonté, ô Bienheureuse! donnez de mieux vous suivre dans l'âpre sentier de la vie de crucifiement et d'amour.

A tous donnez quelque chose de vos vertus si fécondes afin que vous puissiez revivre en eux, et par eux glorifier encore le Seigneur.

En terminant l'histoire de saint Ambroise, le diacre Paulin[1] écrivait ces paroles, que je m'approprie, car elles expriment mon souhait le plus ardent et mon meilleur adieu au lecteur de ces pages. Au nom du grand évêque de Milan je ne fais que substituer celui de l'illustre Vierge de Brescia.

« Je prie et je conjure tout lecteur de ce livre d'imiter la vie que je viens de raconter et de faire fructifier la grâce de Dieu dans son âme afin de mériter d'être réuni à la Bienheureuse Marie-Madeleine Martinengo, au jour de la résurrection pour la vie eternelle. »

« O vous à qui j'adresse cet ouvrage, je vous conjure de vous souvenir de celui qui l'a écrit et de prier pour lui, en union avec les saints qui invoquent le nom de Notre-

____

(1) Cité par Mgr Baunard. Histoire de saint Ambroise. Conclusion p. 604.

Seigneur Jésus-Christ dans une foi véritable. Si par mes propres mérites je ne suis pas digne d'avoir une place dans le ciel auprès d'une si grande servante de Dieu, puissent du moins vos prières m'obtenir le pardon de mes fautes et le salut éternel. »

TABLE DES MATIÈRES

			Pages
Avant-Propos			V
Chapitre	I.	L'Enfant prédestinée	1
Chapitre	II.	L'Appel de Dieu	18
Chapitre	III.	Noviciat et Profession	25
Chapitre	IV.	Croix et Amour	34
Chapitre	V.	Héroïne de pénitence	47
Chapitre	VI.	Charges et dignités	55
Chapitre	VII.	Vertus admirables	67
Chapitre	VIII.	Dons surnaturels	80
Chapitre	IX.	Bienheureuse Mort	87
Chapitre	X.	Glorification	96
Epilogue			102

IMPRIMÉ A CLERMONT-FERRAND
CHEZ MALLEVAL · PLACE DE LA TREILLE
EN M . D . CCCC . I

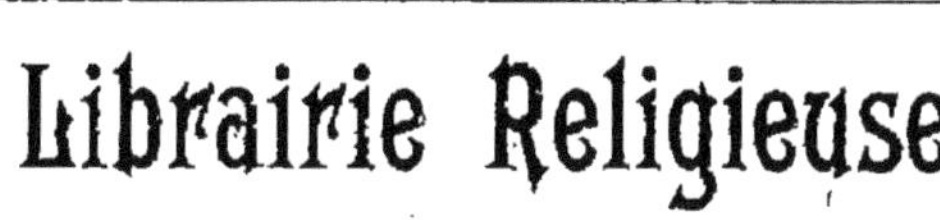

Librairie Religieuse

✳

MLLE MALLEVAL, 1, Place de la Treille

CLERMONT-FERRAND

VIENT DE PARAITRE :

Le B. Bernard de Corléon, de l'ordre des
FF. Mineurs Capucins, par le R. P. ANGÉLIQUE DE
MONTPELLIER, religieux du même ordre, un volume
grand in-8° de près de 500 pages, avec portrait.

Prix **4** »»

Le Pater, par le R. P. ANTOINE DE ROANNE,
un volume in-12. . . . . **2** 50

La Parfaite Tertiaire, par une Maîtresse
des Novices, un vol. in-12, broché. **1** 50
relié . . . . **2** »»

Portraits de Femmes chrétiennes,
par Mlle Marie TAY, un volume in-12. . . . . **2** »»

**La Statue Miraculeuse de N -D. du
Port,** par Mgr CHARDON, brochure in-18. . . . . **1** »»

ABONNEMENTS :

Le Petit Messager, revue mensuelle, publiée par les
FF. Mineurs Capucins de la province de Lyon.

PRIX : { **2** fr. par an pour la France.
{ **3** fr. pour l'étranger.